ANI CHOYING DROLMA
MIT
LAURENCE DEBRIL

Ich singe für die Freiheit

ANI CHOYING DROLMA
MIT
LAURENCE DEBRIL

Ich singe für die Freiheit

Die Lebensreise einer buddhistischen Nonne

Aus dem Französischen von
Eliane Hagedorn und Bettina Runge
(Kollektiv Druckreif)

blanvalet

Die Originalausgabe erschien unter dem Titel
»Ma voix pour la liberté« 2008 bei Oh! Éditions, Paris.

Verlagsgruppe Random House FSC-DEU-0100
Das für dieses Buch verwendete FSC-zertifizierte Papier *EOS*
liefert Salzer, St. Pölten

1. Auflage

Satz: DTP Service Apel, Hannover
Druck und Bindung: GGP Media GmbH, Pößneck
Printed in Germany
ISBN: 978-3-7645-0319-2

www.blanvalet.de

INHALT

VORWORT

Das Wort *Nyingjé*, das man im Deutschen mit dem Begriff »Mitgefühl« wiedergeben kann, bedeutet auf Tibetisch »der Herr des Herzens«; im übertragenen Sinne: der, der über unsere Gedanken herrschen soll. In der buddhistischen Lehre ist Mitgefühl der Wunsch, jeder Form von Leid, und vor allem seinen Ursachen – Ignoranz, Hass, Gier, Neid und so weiter –, entgegenzuwirken. Die altruistische Liebe wiederum ist der Wunsch, dass alle Wesen glücklich sein und die Quelle des Glücks finden mögen.

Wenn wir ausschließlich mit uns selbst beschäftigt sind, werden wir verletzlich und verfallen leicht der Verwirrung, der Machtlosigkeit und der Angst. Wenn wir aber aus tiefem Mitgefühl angesichts des Leids anderer Empathie verspüren, weicht die ohnmächtige Resignation dem Mut, die Depression der Liebe, die Engstirnigkeit der Öffnung gegenüber unserer Umgebung.

Im Allgemeinen hängen unser Mitgefühl und unsere Liebe von der wohlwollenden oder aggressiven Haltung ab, die uns oder unseren Nächsten von der Außenwelt entgegengebracht wird. Deshalb fällt es uns extrem schwer, Mitgefühl für jene zu empfinden, die uns schaden. Das buddhistische *Nyingjé* wünscht aus tiefstem Herzen, dass unterschiedslos alle Wesen vom Leid und seinen Ursachen, insbesondere dem Hass, befreit werden.

In diesem autobiografischen Bericht zeigt uns Ani Choying Drolma, wie sie, nachdem sie von einem gewalttätigen Vater physisch und moralisch gequält worden ist, vom Hass zum Mitgefühl, von der Knechtschaft zur Freiheit und vom Leid zum inneren Frieden gefunden hat. Sie demonstriert auf triumphale Weise, dass die Berufung zur Nonne für sie keineswegs bedeutet, auf »alles Schöne im Leben« zu verzichten, sondern ihr vielmehr einen Weg gezeigt hat, sich von unzähligen schmerzhaften Zwängen zu befreien. Der Vogel, der sich in den Himmel erhebt, »verzichtet« nicht auf seinen Käfig, er befreit sich bei seinem freudvollen Flug davon.

Ani Choying hat sich aber nicht damit begnügt, diese Befreiung nur für sich zu verwirklichen. Sie hat sie voller Enthusiasmus und mit der großen Tiefe ihrer Gefühle genutzt und sich in den Dienst ihrer Mitmenschen gestellt: Für obdachlose Nonnen setzt sie sich ebenso ein wie für arme Kinder ohne Schulbildung.

Seitdem ich Ani Choying näher kenne und wir mehrere Projekte gemeinsam betreuen, kommt es mir vor, als sei sie ständig auf der Suche nach jemandem, dem sie helfen kann.

Zum Gedenken an ihre Mutter, die an Nierenversagen gestorben ist, geht das Autorenhonorar für dieses Buch an das erste Dialysezentrum in Kathmandu, das seine Leistungen allen, die darauf angewiesen sind, zu erschwinglichen Preisen anbietet.

Matthieu Ricard

PROLOG

Ich ziehe mich hinter die Kulissen zurück, während im Saal weiter der Applaus tobt. Das geht jetzt schon mindestens fünf Minuten so. Einer der Organisatoren des Konzerts fasst mich sanft am Arm und schiebt mich noch einmal auf die Bühne.

»Los, Ani, wink deinem Publikum zu!«

Ich kehre also zurück. Es sind vierzehntausend Zuschauer, wurde mir gesagt. Auch wenn ich es inzwischen gewohnt bin aufzutreten, hat es nach wie vor etwas Beeindruckendes für mich. Das Konzert, das ich soeben in dieser riesigen Halle in Hongkong gegeben habe, war eine einzigartige Erfahrung: Ich durfte die Festlichkeiten zum zehnten Jubiläum der Rückgabe der früheren britischen Kolonie an China eröffnen. Mit einigen der berühmtesten chinesischen und taiwanesischen Sänger bin ich aufgetreten, begleitet von sechshundert buddhistischen Mönchen. Der Lärm im Saal dringt wie durch einen Nebel zu mir, der Applaus, die Hurrarufe, das Lachen meiner Nachbarn. Ich bin so gerührt … Mehrere Mönche treten auf mich zu, um mir zu gratulieren, mir zu sagen, wie sehr sie meinen religiösen Gesang schätzen. Ich bin glücklich, dass meine Lieder den Menschen gefallen. Es ist weder Gier nach Erfolg noch Eitelkeit: Ich pfeife auf all das. Es ist vielmehr die Freude, dass meine Botschaft gehört wird. Alle meine Lieder sprechen von der Liebe, sie verkünden eine Botschaft der Hoffnung. Je mehr sie sich verbreitet, desto seliger bin ich.

In dem Taxi, das durch die Straßen Hongkongs gleitet, um mich ins Hotel zu bringen, strecke ich mit einem Seufzen meine Beine aus. Ich bin müde. In wenigen Tagen fliege ich nach München, dann nach Madrid, wo ich weitere Konzerte gebe. Dann reise ich zurück nach Kathmandu in das Viertel Bodnath, in dem ich vor nunmehr siebenunddreißig Jahren geboren wurde. Ich bin erschöpft, ja, aber glücklich. Dieses Konzert hat mir eine Menge Geld eingebracht, das ich in meine Schule investieren werde. Nichts ist mir wichtiger. Meine Stimme ist mein Werkzeug. Ich trage einen Kampf aus: gegen Armut und Unwissenheit, die dazu führen, dass Nonne zu werden für viele junge buddhistische Mädchen in Nepal und Tibet die einzige Möglichkeit ist, der Hölle zu entkommen. Nonne zu werden, um nicht Haussklavin zu sein, um nicht mit einem groben Mann verheiratet zu werden, der seine Frau schlägt und wie ein Maultier arbeiten lässt. Ich kenne die Geschichte gut: Ich bin eine von ihnen. Im Alter von zehn Jahren habe ich beschlossen, niemals zu heiraten und niemals mehr zuzulassen, dass jemand die Hand gegen mich erhebt. Angefangen bei meinem Vater.

Mein Vater … Wie ich ihn geliebt habe! Wie ich ihn

gehasst habe! Er hat mich verprügelt wie einen Hund. Er hat mich bewundert wie eine Göttin. Zwei Männer haben in meinem Leben für mich gezählt und mich zu dem gemacht, was ich heute bin. Mein Vater, weil er mich geschlagen hat; mein buddhistischer Meister, weil er mich geliebt hat. Diesen beiden Männern verdanke ich alles, und das werde ich nie vergessen. Ohne den Zorn des einen und das Mitgefühl des anderen wäre ich heute gewiss mit einem zwanzig Jahre älteren Händler verheiratet – eine unterwürfige Ehefrau wie die meisten Tibeterinnen, die am Morgen kocht, am Nachmittag wäscht und nachts ihrem Mann zu Diensten ist. Ich würde nicht lesen können, doch das wäre unwichtig, denn ich hätte eine ganze Schar von Kindern großzuziehen und kaum Zeit, mich in irgendwelche Träumereien aus gedruckten Worten zu verlieren. Ich wäre abhängig und gefesselt – ohne mir dessen bewusst zu sein. Dieses Schicksal ist mir erspart geblieben. Ich weiß mein Glück zu schätzen.

»Ihre Lieder sind so beruhigend, sie befreien mich von allen Spannungen. Ihre Stimme ist so sanft, danke!«, beglückwünscht man mich oft nach meinen Konzerten.

Sanft, ja, das kann ich sein. Ich bin klein, und man sagt, von meinem Gesicht und meiner Haltung ginge etwas Zartes aus. Mein rasierter Schädel und meine orangefarbenen Kleider, deutliche Zeichen meines Status als Nonne, fordern Zurückhaltung von mir. Ich mag keine schroffen Gesten, ich spreche leise, ich zwinge mich, freundlich zu lächeln. Durch das Praktizieren des Buddhismus und das Meditieren bin ich zu einer gewissen inneren Gelassenheit gelangt.

Aber auch wenn ich eine Frau bin, stecken in mir Härte und Entschlossenheit, die so manchen Mann in die Knie zwingen würden. In meinem tiefsten Innern verbirgt sich, wie schmelzende Lava in der Erdmitte, eine außerordentlich dichte Zusammenballung von Kraft und Energie, die mich antreibt und leitet. Dieser geballte feste Wille ist heute mein bester Verbündeter. Gestern noch hätte er mich zum Schlimmsten führen können. Er hat mich bisweilen schlecht beraten. Viel Gewalt, viel Hass. Wie ein gezähmter Tiger verharrt er dort in meinem Herzen, kauert in meinem Magen, domestiziert und doch für immer grundlegend wild. Ich bin eine Kriegerin. Und meine Waffen heißen Liebe und Mitgefühl.

GEZEICHNET

Ich wurde in Kathmandu geboren, in einem Viertel namens Bodnath. Das ist ein kleines Stück Tibet, verbannt ins benachbarte Nepal. Ein großes Steintor markiert den Eingang zu unserem Viertel. Ringsumher ist Nepal. Drinnen ist unser Zuhause. Die Straßen verlaufen sternförmig vom *Stupa* aus, dem gewaltigen buddhistischen Tempel, der das Nervenzentrum des Viertels darstellt. Meine Mutter hebt immer wieder voller Stolz hervor, dass er einer der größten des Landes ist. Am Abend versammeln sich dort die Familien, um zu beten und die neuesten Neuigkeiten auszutauschen. Die Tibeter haben die Gewohnheit angenommen, immer in derselben Richtung um die *Stupas* herumzugehen, das heißt links herum – das ist sehr wichtig –, während sie die vielen in den Mauern verankerten Gebetsmühlen drehen und ihre Gebete hersagen. Tausende von kleinen bunten Seidenwimpeln, hier im Ort *Lungta* genannt, flattern im Wind. Die Händler sprechen tibetisch, die meisten Menschen trinken *Po cha*, Buttertee, und die *Momos*, mit Fleisch oder Gemüse gefüllte Teigtaschen, sollen hier so gut schmecken wie in Lhasa, der Hauptstadt Tibets. Einige unserer Nachbarn sind Nepalesen, und das Zusammenleben mit ihnen ist völlig problemlos. Das tibetische Blut meiner Eltern fließt in meinen Adern, aber ich betrachte mich als Tibeto-Nepalesin und bin stolz, in diesem Land, dem Land Buddhas, geboren zu sein.

Meine Eltern haben beide, noch bevor sie einander kennenlernten, ihr Heimatland Mitte der 1950er-Jahre verlassen, als die chinesischen Kommunisten in Tibet einmarschierten und alle töteten oder verhafteten, die sich ihnen nicht beugen wollten. Sie kamen aus derselben Region im Osten des Landes, der Provinz Kham, wenn auch nicht aus demselben Dorf.

Sie landeten mit ihren jeweiligen Familien zunächst in Indien, wo sie sich dann begegneten. Meine Eltern sprechen wenig von ihrem Vorleben. Manchmal abends, wenn Gäste zu Besuch sind, höre ich sie von ihren Erinnerungen erzählen. Sie scheinen hier nicht unglücklich zu sein; das Leben ist weniger rau als im Hochgebirge, das sie verlassen haben. Wie die meisten ihrer Nachbarn tragen sie die traditionellen tibetischen Gewänder, die vorne geschlossen und in der Taille mit einem bunten Stoffband gehalten werden. Mein Vater, der zwei Kopf größer ist als die anderen Männer, hat schulterlanges Haar, das er zu einem dünnen Pferdeschwanz zusammenbindet. Meine Mutter hat lange schwarze Zöpfe, die über ihre schweren Brüste bis auf ihre Hüften fallen. Sie hilft meinem Vater bei der Arbeit und kümmert sich natürlich um den Haushalt. Wir leben zusammen im selben Raum. Alles findet hier zwischen den Zementmauern auf einer Fläche statt, die kaum größer als ein Schlafzimmer ist. Hier wird gearbeitet, gekocht, gegessen und geschlafen. Alles. Hier fertigt mein Vater seine Heiligenfiguren an. Er arbeitet schwer und braucht Ruhe, wenn er bei Einbruch der Dämmerung sein Werkzeug beiseitelegt und die am Tag hergestellten Figuren entlang der Wand aufgestellt hat. Er fertigt sie mit Formen an, in die er Bronze oder Kupfer gießt. Dann bemalt er sie mit gefährlichen Produkten, die ich nicht berühren darf. An der Wand gegenüber kauernd, atme ich die Dämpfe ein. Sie steigen mir zu Kopfe, und nachher bin ich immer ein wenig benebelt und weggetreten. Ich entferne mich von der Realität, wenn ich die Dämpfe aus den Flaschen mit dem Totenkopf einatme. Ich sehe ihm gern bei seiner Arbeit zu, ganz still, um ihn nicht zu stören.

Als sie sich kennenlernten, waren meine Eltern verliebt. Aber nicht ineinander. Mein Vater lebte mit der Frau seines Herzens zusammen. Sie hatten einen Sohn, meinen Halbbruder. Sie waren glücklich. Meine Mutter hatte eine Tochter mit einem tibetischen Armeeangehörigen, den sie nur sehr selten sah, da er wegen seines Berufs ständig auf Reisen war, doch sie liebte ihn heiß und innig. Sie schrieb ihm oft, was ich immer sehr romantisch gefunden habe. Mein Großvater mütterlicherseits dagegen mochte ihn überhaupt nicht. Dem Großvater bin ich nur einmal begegnet, und dabei hörte ich, wie er diesen ersten Ehemann als Tunichtgut beschimpfte. Als die Ehefrau meines Vaters in Indien starb, gab ihm mein Großvater seine Tochter zur Frau. Das geschah einfach so, ohne dass meine Mutter nach ihrer Meinung gefragt worden wäre. Die Töchter haben sich nicht in Entscheidungen einzumischen. Das ist bei uns so Sitte: Die Eltern entscheiden über das Schicksal ihrer Kinder. Es gab nicht mal eine Hochzeitszeremonie. Nicht genug Geld, nicht genug Zeit. Man hat sie zusammengebracht – und fertig.

Auf jeden Fall war das Herz nicht bei der Sache. Mein Vater hatte seine Heißgeliebte verloren, und meine Mutter, die ohne Nachricht von ihrem Angebeteten war, musste ihre Tochter ihrem eigenen Vater und ihrer Tante überlassen. Eines Morgens, das Herz voller Hass und Verzweiflung, ist sie zu ihrem neuen Zuhause aufgebrochen. Ihr neuer Mann war fünfundzwanzig Jahre älter als sie. Um den Strom ihrer Tränen zum Versiegen zu bringen, hat man ihr erzählt, ihr schöner Märchenprinz habe widerstandslos die finanzielle Abfindung akzeptiert, die mein Vater ihm angeboten hatte, um ihm seine Frau zu nehmen – das ist in Tibet so üblich, wenn man die Frau eines anderen auswählt. Er habe nichts unternommen, um sie zurückzuerobern oder sie zu behalten, und habe das Geld ohne Weiteres eingesteckt. Meine Mutter war schier verzweifelt bei der Vorstellung, dass ihr Geliebter sie so leicht vergessen haben sollte, und wäre am liebsten gestorben. Schließlich ergab sie sich in ihr Schicksal. Ich weiß nicht, ob man sich darüber freuen soll oder nicht, jedenfalls kam ich dann irgendwann zur Welt – als das Produkt einer Zwangsehe.

Am zehnten Tag des vierten Monats des Mondkalenders im Jahr der Ratte hat meine Mutter in unserem Haus entbunden. Das hat sie mir immer gesagt, doch ich glaube, dass sie es nicht genau wusste. Diese Dinge sind nicht besonders wichtig. Meine Mutter war achtmal schwanger;

nur vier Kinder haben überlebt. Jedes zweite. Der Tod ist so mächtig wie das Leben. Der Kreislauf des Lebens und des Todes ist zu komplex, als dass ein einzelnes Datum eine Rolle spielen würde … Wenn ich nach meinem Geburtstag gefragt werde, antworte ich, um nicht lange erklären zu müssen, warum ich den Tag meiner Geburt nicht kenne, »am 4. Juni 1971«, und damit geben sich alle zufrieden.

Als ich fünf Jahre alt bin, beschließt meine Mutter, dass ich groß genug sei, um ihr zu helfen. Wer ernährt werden will, muss sich sein täglich Brot verdienen. Ich bin für die Wasserversorgung verantwortlich. Jeden Morgen und jeden Abend mache ich mich mit meinen beiden Eimern auf den Weg zum öffentlichen Brunnen ein paar Straßen von uns entfernt. Die sind schwer, und ich darf kein Wasser verschütten. Ich bin stolz, etwas für meine Mutter zu tun. Ich helfe ihr gern. Ich sehe genau, dass sie nicht glücklich ist, auch wenn sie sich nicht wirklich beschwert. Mein Vater kommt oft betrunken nach Hause und schlägt seine Frau wegen nichts und wieder nichts. Wenn er schließlich vom Schlagen müde ist, fällt er auf seine Bettstatt am Boden und schläft schnarchend ein. Ich schmiege mich dann an sie und lege meinen Kopf in ihre Halsbeuge. Ich hauche ihr sanft ins Ohr – die einzige Liebkosung, die ich kenne. In der Ecke am weitesten vom elterlichen Bett entfernt, auf dem harten und kalten Zementboden fest aneinander gedrängt, schlafen wir ein. Wenn uns die Kälte weckt, legt sich meine Mutter, so als wäre nichts gewesen, zu ihm ins Bett und ich mich in meines. Die Beine angewinkelt, die Arme vor dem Bauch verschränkt, presse ich mich an die Wand in der Hoffnung, sie ein Stück zurückdrängen zu können. In dieser Stellung kann ich wenigstens das Bett meiner Eltern überwachen und mich vergewissern, dass alles in Ordnung ist. Und wenn mein Vater aufwacht und sein Recht fordert, indem er die Beine seiner Frau auseinanderdrückt, kann ich mich zumindest umdrehen, um nicht länger mit ansehen zu müssen, was zu hören ich nicht verhindern kann.

Mit sechs Jahren weiß ich bereits den feindseligen Blick meines Vaters zu deuten, seine verkrampften Kiefer, die mahlen, obwohl es nichts zu kauen gibt. Er grübelt über etwas nach, das steht fest. Aber worüber? – Es gibt immer einen Grund dafür, dass es Schläge hagelt. Sehr bald reicht meine Mutter dem väterlichen Zorn nicht mehr aus. Anfangs versucht sie, mich zu beschützen, vergebens. Wann hat mich mein Vater zum ersten Mal geschlagen? Mein Gedächtnis hat es vorgezogen, diese Information nicht zu speichern. Vielleicht war ich auch noch zu klein, als dass ich mich daran noch erinnern könnte.

Heute Morgen arbeite ich draußen zusammen mit meinen Nachbarinnen, die beide Dolma heißen. Eine der beiden hat sich einen Wettkampf ausgedacht: Wer ist die beste Topfpoliererin? Im Kontakt mit dem Feuer verfärbt sich das Aluminium schwarz; deshalb muss man die Töpfe, um sie auf Hochglanz zu bringen, kräftig scheuern. Wir sitzen auf den kleinen Stufen hinter dem Haus, bewaffnet mit Bürsten aus Maisblättern und Stroh, und scheuern wie die Besessenen, um jede Spur von Ruß zu beseitigen. Wir sagen uns zum Spaß, dass unser Kochgeschirr nicht aus Aluminium, sondern aus Silber sei. Wir haben noch nie Silber gesehen, aber Dolma meint, im Kloster würde es echtes geben. Ich bin ganz auf meine Arbeit konzentriert. So sehr, dass ich meinen Vater nicht rufen höre.

Plötzlich taucht er hinter mir auf. Er ist so groß! Für mich, die ich auf der Stufe sitze, ist er wie ein Riese, und ich muss an diese Zeichnung denken, die ich unlängst in unserem Gemischtwarenladen in einem Magazin gesehen habe: Ein grünes Monster, so muskulös, dass sein Hemd zu platzen droht, starrt mit seinen Glubschaugen einen ganz kleinen Mann an. Was wird geschehen?

»Pomo, was machst du hier? Ich suche dich seit zehn Minuten!«

Pomo bedeutet auf Tibetisch »Mädchen«, und jeder nennt mich so. Mein wirklicher Name ist Drolma Tsekyid, doch niemand benutzt ihn. Ich bin immer Pomo gewesen. Das Mädchen.

»Tut mir leid, Papa, ich habe dich nicht gehört. Wir haben beim Polieren der Töpfe *dohori* gespielt.«

Dohori ist eine Art Wortduell. Man unterhält sich singend und muss einander in Reimform antworten.

»*Dohori*, so!«

Er packt mich bei den Haaren und zieht mich wie eine Puppe am Kopf hoch. Damit es weniger wehtut und ich größer bin, laufe ich, Gefangene seiner Hand, auf Zehenspitzen und versuche dabei, dem Rhythmus seiner Schritte zu folgen. Sollte ich fallen, wäre er dazu fähig, mich an den Haaren durch den Staub zu schleifen. Ich gerate ins Stolpern und klammere mich instinktiv an seinen Beinen fest. Er bleibt stehen und versetzt mir einen kräftigen Fußtritt.

Diesmal lande ich am Boden. Die beiden Dolmas haben schon das Weite gesucht.

Ich kauere mich an den Pfosten am Eingang zu unserem Haus. Er tritt ein, ich folge ihm.

»Du weißt doch ganz genau, dass ich dich brauche!«

Er räumt seine Pinsel ein, seine Stimme ist sanft, und ich zittere umso heftiger. Je mehr Zeit zwischen dem Augenblick, in dem ich etwas falsch gemacht habe, und der Züchtigung verstreicht, desto härter wird er zuschlagen. Die Erfahrung habe ich gemacht. Wenn er mich nicht sofort verprügeln kann, nimmt er sich Zeit und geht methodischer vor. Und wenn er einmal anfängt, hört er nicht mehr auf.

»Ich muss bei deinem Onkel einen Sack *Tsampa* abholen (geröstetes Gerstenmehl, das die Tibeter gern essen). Du bekommst deine Strafe, wenn ich zurück bin. Deinetwegen muss ich aufbrechen, ohne meinen Tee getrunken zu haben. Denk darüber nach, Pomo.«

Und er macht sich mit zufriedener Miene auf den Weg.

Mein Herz schlägt so heftig in meiner Brust, dass ich glaube, er müsste es von der Straße aus hören. Es schlägt so heftig, dass ich nichts anderes mehr höre. Ich weiß, dass er zusammen mit meinem Onkel *Tschang* trinken wird, ein tibetisches Bier, das aus fermentiertem Reis gebraut ist. Wenn mein Vater beim Heimkommen nach *Tschang* riecht – ein leicht süßlicher Geruch – hat er sich noch weniger unter Kontrolle als sonst. An solchen Abenden kann schon ein einfacher Blick eine Tracht Prügel auslösen.

Meine Mutter ist für mehrere Stunden fortgegangen, ich weiß nicht wohin. Das Einzige, was ich weiß, ist, dass ich allein mit meinem Vater bin, und das verheißt nichts Gutes. Ich bin allein. Die Luft erscheint mir plötzlich heiß und drückend, ich habe Mühe zu atmen. Ich müsste Geschirr spülen, doch ich bin außerstande, mich zu bewegen. Und so kauere ich eine nicht enden wollende Zeit am Boden. Schließlich kommt er heim. Die Nacht ist schon hereingebrochen. Kein Wort, kein Blick, aber dieser süßliche Geruch. Sein Gang ist schwer. Er macht Licht, setzt sich in seine Werkstattecke und fängt an, seine Instrumente zu schärfen. Ich halte mich bereit. Mich zu verstecken, wäre sinnlos. Aber er ist ganz auf seine Arbeit konzentriert und pfeift leise vor sich hin. Er scheint mich vergessen zu haben. Mein Magen ist so zusammengeschnürt, dass ich mich übergeben könnte. Ich leide Höllenqualen.

Könnte es sein, dass er es vergessen hat? Dass er meine Schuld nicht mehr so schwerwiegend findet? Mein terrorisierter kindlicher Geist findet keine Erklärung für seine Gleichgültigkeit. Mein kleines Gehirn arbeitet auf Hochtouren. Wenn er mich heute nicht schlägt, wird er mich morgen wegen etwas anderem schlagen. Und dann wird er sich an die Strafe erinnern, der ich am Vortag entgangen bin. Er wird es mir verübeln, dass ich ihn, wie er glaubt, an der Nase herumgeführt habe, und mir Bosheit vorwerfen. Wenn ich ihn selbst an meine Schuld erinnere, wird er vielleicht beeindruckt sein.

»Papa, Papa, ich glaube, du hast etwas vergessen … Du weißt doch noch, das *Dohori* vorhin, dein Tee …«

Er hebt den Blick und betrachtet sein Messer. Sieht mich dann leicht erstaunt an. Ich glaube, er ist stolz auf mich. Seine Augen leuchten im Halbdunkel. Im Licht der

Lampe, das seinen Kopf wie mit einem zitternden orangefarbenen Heiligenschein umgibt, sieht er wirklich wie ein Verrückter aus. Er ist nicht stolz, er ist verrückt. Und völlig betrunken. Von schräg gegenüber wirft er das Messer nach mir. Ich bin so überrascht, dass ich mich nicht bewege. Der Holzgriff trifft meine Augenbraue. Er greift nach einem Meißel und zielt erneut auf mich. Er wird mich umbringen, mir ein Auge ausstechen. Er geht auf allen vieren, rappelt sich dann mühsam auf und kommt näher. Ich sehe, dass er kein Werkzeug mehr in Händen hält. Ich rolle mich auf die Seite und schlüpfe unter die dicke Decke, unter der ich immer schlafe. Also, jetzt ist es so weit. Er schlägt mir mit einem Stock auf den Rücken, die Beine, den Kopf, überallhin, wo er kann. Unter meiner Decke zu einer Kugel zusammengerollt, fast außerstande zu atmen, kann ich meine Schluchzer ersticken, indem ich in die Wolle beiße. Er ist zu betrunken, um zu merken, dass die Decke mich schützt; er versucht nicht einmal, sie wegzuziehen. Schließlich hört er auf. Ich rühre mich nicht. Er sagt, er sei müde, er würde nicht verstehen, warum ich ihm so viel Kummer bereite, ihm, der sich halb umbringt, damit meine Mutter und ich jeden Tag genug zu essen haben. Er schimpft noch eine Weile vor sich hin und bricht dann auf seinem Lager zusammen. Ich bin also noch einmal mit einem blauen Auge davongekommen, und das im wahrsten Sinne des Wortes.

Fast jeden Tag findet mein Vater einen guten Grund, mich zu schlagen. Er erklärt mir, er müsse mich züchtigen, weil ich so oft Dummheiten mache. Ich habe nicht den Eindruck, mich zu bessern, ganz im Gegenteil: Anscheinend werde ich von Tag zu Tag schlimmer, denn ich bekomme immer häufiger Prügel. Ich würde mich ja gerne anständig verhalten, weiß aber nie, was meinen Vater als Nächstes erzürnen wird. Wenn das Essen nicht fertig ist, obwohl er schon Hunger hat, schlägt er mir auf den Kopf; wenn er mich ruft und ich ihm nicht schnell genug antworte, wenn ich fürs Abspülen zu viel Zeit brauche, wenn ich beim Vorbeten ins Stocken gerate, wenn ich meinen kleinen Bruder, den ich wie eine Mutter umhege, zu lange weinen lasse … Wenn, wenn, wenn … Mein Vater findet immer einen Anlass, um den Zorn abzureagieren, der in seinem Innern tobt. Dann verhält er sich wie ein vom Teufel Besessener, greift nach allem, was er findet – Messer, Stromkabel, Teller, Pfanne … Er schlägt mich mit aller Kraft, ohne sich zu mäßigen. Ohne Angst, mich zu verletzen. Als wollte er seine Kraft ausnutzen, um mich zunichtezumachen.

Er ist mein Vater, und er hat das Recht, mich zu schlagen, er hat alle Macht über mich. Ich beklage mich bei niemandem. Doch ich verstehe nicht, warum er so fest zuschlägt. Genau das ist es, was mir so ungerecht erscheint. Ich lebe in Angst. Angst, etwas falsch zu machen, Angst, verprügelt zu werden. Er, der in seinen jungen Jahren von seinem Stiefvater mit dem Gürtel geschlagen wurde, bis sein Rücken blutete, weiß genau, dass das Warten auf den Schmerz schlimmer ist als der Schmerz selbst. Es ist so, als würde man am Rand eines Abgrunds laufen, ohne zu wissen, in welchem Augenblick ein Stück des Erdreichs abbrechen wird. Der Sturz ist sicher, aber man weiß weder, was ihn auslösen noch wann er stattfinden noch welche Folgen er haben wird.

Trotzdem hat er mir nie etwas gebrochen. Mein Rücken ist voller blauer Flecken, ich habe ständig Gliederschmerzen, doch es kommt selten dazu, dass ich blute. Bis zu dem Tag, als er mir fast den Schädel einschlägt.

Wieder findet es in unserem Haus statt. Meine Mutter ist zum Markt gegangen, ich bin allein mit ihm. Wir sind dabei, Gerstenmehl umzufüllen: Wir vermischen es mit Zucker oder rösten es mit Butter als *Tsampa*. Das ist eines unserer Grundnahrungsmittel. Wie jedes Mal, wenn mein Vater mir etwas Wichtiges befiehlt, bin ich nervös. Ich halte, neben ihm hockend, den Sack zwischen meinen Beinen auf, während er das Mehl umfüllt. Alles geht gut. Doch nach einigen Minuten ohne Zwischenfall stößt seine Hand an den steifen Stoff, und etwas Mehl fällt auf den Boden. Nicht mir, sondern ihm ist das Missgeschick widerfahren, doch ich weiß bereits, dass ich dafür bezahlen werde.

»Tölpel! Du Tölpel!«

»Papa, Papa, verzeih mir, ich fege alles auf …«

Schneller als der Blitz schlägt er mir mit dem scharfen Rand des Bechers auf den Schädel. Eine lauwarme Flüssigkeit rinnt langsam meinen Kopf hinunter, und ich versinke in eine Art Dämmerzustand. Ich bin nicht ohnmächtig, aber ich fühle mich benebelt. Mir ist heiß, und ich habe Schmerzen. Das Blut rinnt über meine Stirn, meine Augen, und ich wische es zusammen mit dem Rotz, der aus meiner Nase läuft, fort. Ich wage nicht, meinen Vater anzusehen. Ich schäme mich. Es ist nicht meine Schuld, und doch habe ich ein schlechtes Gewissen. Mein Vater muss schwer arbeiten, um dieses Mehl kaufen zu können.

»Verzeih, Papa, es tut mir leid.«

Ich fühle mich schuldig, ohne zu wissen, warum. Wortlos beugt sich mein Vater über meinen Kopf, nimmt ein Taschentuch und versucht, die Blutung zu stoppen. Ohne Zartgefühl, wohl aber aufmerksam, tupft er die Wunde ab. Sein Gesicht bleibt ausdruckslos. Nach mehreren Minuten erhebt er sich und wirft die Tasse weg. Sie landet mit einem dumpfen Geräusch auf dem Boden, springt hoch und rollt dann vor meine Füße. Er sieht mich nicht einmal an und geht. Ich fühle mich traurig und dumm.

Ich werde diese Szene nie vergessen, denn noch heute ist mein kahlrasierter Schädel von einer vier Zentimeter langen Narbe gezeichnet. Ich weiß, dass die Menschen sie sehen und sich fragen, woher sie rühren mag. Wenn ich gefragt werde, weiche ich aus und deute auf die zweite Narbe an meinem Schädel, die mir von einem unbedeutenden Autounfall geblieben ist. Ich erwähne fast nie diesen Teil meiner Kindheit.

Ich denke lieber an die guten Momente mit meinem Vater zurück, etwa als er beschloss, dass ich alt genug sei, um meine Gebete zu lernen, oder wenn er mich in seinen Armen wiegte wie ein Baby und mir sagte, ich solle an seiner Brust saugen. Mein Vater konnte sehr liebevoll sein. Er war ein ausgesprochen guter Gastgeber, und seine Cousins – Tibeter, die nach Indien geflüchtet waren – konnten immer sicher sein, mit einer köstlichen Fleischplatte empfangen zu werden. Diese Szenen sind in meinem Gedächtnis so präsent, dass ich bisweilen zu Tränen gerührt bin. Die schlechten Erinnerungen sind von einer Art Nebel verhüllt und berühren mich weniger.

DIE KLEINE SCHWESTER VON BRUCE LEE

Meine Mutter ist mit meinem zweiten Bruder schwanger und wird bald entbinden. Ihr Bauch ist gewaltig, und ich tue mein Bestes, um sie im Haushalt zu unterstützen. Eines Morgens, als sie gerade einen Sack Reis trägt, den ihr die Frau ihres Bruders gebracht hat, krümmt sie sich plötzlich und fällt auf die Knie. Ihr blaues Kleid wird schwarz zwischen den Beinen. Sie presst eine Hand auf den Bauch und schreit:

»Pomo, es ist so weit! Hol deinen Vater!«

Aber ich bin außerstande, mich zu bewegen. Ich will bei ihr bleiben.

An diesem Tag ist die Schwiegermutter meines ältesten Bruders – Lodu Kunchap, der Sohn aus der ersten Ehe meines Vaters – bei uns zu Besuch. Sie reagiert augenblicklich und legt meine Mutter auf den Strohsack. Ich hocke quasi vor ihren geöffneten Beinen und sehe alles. Niemand denkt daran, mich fortzuschicken. Ich habe schon einmal beobachtet, wie eine Hündin Junge geworfen hat, doch das war ganz anders. Hier ist so viel Blut, und die Schreie sind so laut, dass sich mir der Kopf dreht. Ich will nicht ohnmächtig werden. Meine Mutter verdreht die Augen, alles kommt mir rot vor: ihr Gesicht, ihre Beine, ihr Bett, das, was zwischen ihren Schenkeln herauskommt. Fassungslos starre ich auf diese Frau, die meine geliebte Mutter ist, die jetzt in einer Blutlache liegt und wegen ihrer schrecklichen Schmerzen kaum wiederzuerkennen ist. Der Kopf will nicht herauskommen. Die Nachbarin zieht an den kleinen glitschigen Füßen; er präsentiert sich in Steißlage. Ich bin etwa sieben Jahre alt und weiß ganz genau, dass man so sterben kann. Ich zittere. Jetzt ist auch mein Vater da. Er versucht zu helfen, doch ich spüre, dass er verwirrt und befangen ist.

»Sie muss ins Krankenhaus. Bitte, Papa, fahr mit ihr ins Krankenhaus!«

»Die tibetischen Frauen bringen ihre Kinder so zur Welt, Pomo. Ich wüsste nicht, warum wir eine Ausnahme machen sollten!«

Mein Vater spricht mit lauter, aber zitternder Stimme. Dieses eine Mal ist er sich seiner nicht sicher. Auf alle Fälle fehlt uns das Geld, um meine Mutter zu einem Arzt zu bringen.

Das Ding kommt schließlich ganz heraus. Seine Augen sind geschlossen.

»Es schreit nicht«, stellt die Nachbarin fest.

»Yeshi, dein Baby ist tot …«, flüstert mein Vater seiner Frau zu.

Tatsächlich bringt es keinen Laut hervor.

»Wartet, trennt die Nabelschnur nicht gleich durch …«

Obwohl sie (fast) ohnmächtig zu sein scheint, richtet sich meine Mutter auf und sammelt ihre letzten Kräfte, um zu sprechen. Als hätte sie die eben gesagten Worte meines Vaters nicht gehört, nimmt sie das Baby, das noch mit ihr verbunden ist, und leckt es ab. Geschickte kleine, zarte Zungenstöße um den Mund und die Nase des Säuglings. Wie eine Katze säubert sie ihr Kleines vor uns, die wir verdattert um sie versammelt sind. Sie saugt die Flüssigkeit auf, die weiter seine Nase und seinen Mund verstopfen. Sie putzt ihm die Nase mit dem Mund … Diese instinktive Handlung kommt aus den tiefsten Tiefen der Tierwelt. Bei Hunden habe ich das auch schon gesehen.

»Er weint, er weint!«

Das Ding ist aus dem Reich der Toten zurückgekehrt und brüllt mit erfreulichem Eifer. Ich juchze und werfe mich spontan gegen die Beine meines Vaters. Auch er ist überglücklich, nimmt mich hoch und hält mich lachend an den ausgestreckten Armen, so als wäre ich das Neugeborene. Nach vollbrachtem Wunder sinkt meine Mutter in eine Art Ohnmacht. Bald beschließt mein Vater, seine Frau und den Säugling, Karma Choesang, ins Krankenhaus zu bringen. Meine Mutter ist so geschwächt und blutet so stark, dass sie nicht imstande ist, die Plazenta auszustoßen. Nur ein Arzt kann ihr helfen. Ich bleibe allein zu Hause mit meinem anderen Bruder Karma Phuntsok Sonam, der damals drei Jahre alt ist. Die beiden kleinen Brüder sind quasi meine Kinder. Meine einzigen Freunde waren bis dahin die kleinen Hündchen aus dem Viertel, die ich heimlich mit einer Flasche aufzog, die ich in einem Mülleimer gefunden hatte.

Ich trug immer Kleidung, die schon vier Kindergenerationen vor mir getragen hatten, viel zu weite T-Shirts, ausgeblichene Baumwollhosen … Mein Vater trieb sie Gott weiß wo auf, wahrscheinlich bei irgendwelchen humanitären Organisationen; ich stellte keine Fragen und trug die Sachen auf, bis sie durchgewetzt waren. Mit mir beendeten sie ihren Zyklus. Wenn ich sie bekam, waren sie viel zu groß. Andere bekam ich erst, wenn sie viel zu klein geworden waren. Der einzige Luxus bei uns zu Hause war das Essen. Ich bin immer satt geworden. Oft gab es Fleisch oder Gemüsecurry, *Dhal bat*. Mein Vater setzte seine ganze Ehre daran. Was den Rest betraf, waren die Freuden rar. Ich ging noch nicht zur Schule; mein einziges Spielzeug war, was ich auf der Straße fand. Und meine beiden kleinen Brüder …

Es gefällt mir, dass sie von mir abhängig sind. Wenn meine Mutter die Flucht ergreift, um für ein paar Tage den Ausbrüchen meines Vaters zu entrinnen, bleibe ich mit meinen kleinen Brüdern allein zu Hause. Durch sie bin ich wichtig. Es gibt aber auch Augenblicke, in denen ich sie hasse: wenn ich ihre Windeln waschen muss. Der Letzte ist im Winter geboren, als der Brunnen vereist war. Ich wasche mich einmal pro Woche und hole mir dafür etwas Wasser bei den Nachbarn. Sie stellen ihren eigenen Likör her und benötigen viel Wasser, das sie erhitzen und in einen großen Bottich gießen. Wenn es abzukühlen beginnt und nicht mehr genügend Dampf erzeugt, brauchen sie es nicht mehr, und dann frage ich sie, ob ich es für meine Toilette benutzen darf. Ich schleiche hinter das Haus und wasche mich mit großem Behagen. Doch es gibt nie genug warmes Wasser, und so spüle ich das Geschirr und wasche die Windeln meiner Brüder mit kaltem Wasser. Meine Hände sind von Frostbeulen übersät, sodass ich die Finger kaum bewegen kann, und faltig wie die meiner Großmutter Dolma. Ich kann nicht verstehen, wie so ein süßer kleiner Kerl so viel scheißen kann. Doch sobald er anfängt zu brüllen, eile ich herbei und wechsle seine Windeln. Ich denke, genau darin zeigt sich Liebe: in der Lage zu sein, den stinkenden Po eines kleinen schreienden Wesens abzuwischen und gleichzeitig zu spüren, wie einem das Herz aufgeht. Der Kleine macht mich sanft. Meinen Brüdern und meiner Mutter habe ich es zu verdanken, dass die Liebe in mir wächst, obgleich ich immer härter werde und meine Seele verkümmert.

Mit neun Jahren bin ich ein kleiner weiblicher Bandenführer. Die Nachbarn nennen mich sogar Bruce Lee. Wahrscheinlich weil ich wie er einen Bubikopf habe. Dieser Spitzname gefällt mir sehr, weil ich Bruce Lee verehre. Ich will mich schlagen wie er, will stark sein wie er, um Ziegel mit der Handkante zu durchschlagen und immer zu gewinnen. Die Großen im Viertel fürchten mich, und das bereitet mir insgeheim Freude. Dabei bin ich ganz klein. Ich sehe aus wie ein Kind von sieben Jahren. Aber ich fürchte mich vor nichts. Weitere Schläge einstecken? Ja und? Es kann nicht schlimmer sein als das, was ich von zu Hause her kenne. Das gibt mir ein Gefühl von berauschender Macht. Am liebsten greife ich Jungen an, vorzugsweise solche, die älter und stärker sind als ich.

Unsere direkten Nachbarn haben zwei Söhne, beide dumm und dick. Eines Morgens überrasche ich Lekhi, den Älteren, wie er seine kleine Schwester schlägt. Sie liegt im Hof am Boden, und er traktiert sie mit einem Plastikschlauch, ohne große Hingabe, einfach nur, um sie zum Weinen zu bringen. Innerhalb einer Sekunde steigen Zorn und Hass in mir auf. Ich schleudere einen Stein auf ihn und treffe ihn am Rücken. Er fährt herum und nimmt meine Verfolgung durch die schlammigen Straßen von Bodnath auf, bis an die Grenzen des Viertels. Ich laufe schneller als er. Ich drehe mich um und sehe ihn, rot im Gesicht und schweißgebadet, über einen Stein stolpern. Ich weiß, dass er bald aufgeben wird. Ich bleibe stehen und starre ihn an. Ich habe wieder einen Stein in der Hand.

»Was willst du überhaupt? Warum bleibst du nicht zu Hause, Pomo? Kümmere dich um deine eigenen Angelegenheiten …«

»Lass deine Schwester in Ruhe, sie hat dir nichts getan. Sie ist doch noch ganz klein.«

Ich habe nicht wirklich Lust, mich mit ihm zu prügeln. Ich will nur, dass er vor mir zurückweicht, sich geschlagen gibt. Er weiß, dass ich bissig bin wie ein tollwütiger Hund und zu denen gehöre, die nie aufgeben. Lekhi hat mich eines Tages beobachtet, wie ich mit den Fäusten gegen die Hofwand getrommelt habe, die unser Grundstück von dem der Nachbarn trennt, die einzige, die aus Beton und nicht aus Lehm ist. An diesem Tag war ich übel gelaunt. Ich bin auf die Mauer zugegangen, habe Nase und Stirn dagegen gedrückt. Die Betonkörner glitzerten in der Sonne. Aus der Nähe betrachtet wirkten sie riesig, perfekt geformt und geschliffen wie Diamanten. Ich habe meine Hand darauf gelegt und gedrückt. Immer stärker. Die kleinen Sandkörner haben eine hübsche Zeichnung auf meiner Handinnenfläche gebildet, weißer als der Rest meiner Haut. Noch immer an die Wand gedrückt, ballte ich meine Hand zur Faust und ließ sie langsam nach unten gleiten. Das brannte. Die gerötete Haut war auf Höhe der Fingerglieder aufgeschürft. Es floss nur wenig Blut; nur kleine rosafarbene schimmernde Kratzer waren zu sehen. Ich habe noch stärker gerieben, von oben nach unten. Es tat wirklich sehr weh, das hätte ich nicht gedacht. Fast vorsichtig begann ich, gegen die Wand zu trommeln. Schluchzer stiegen aus meiner Kehle auf, und ich biss die Zähne zusammen. Ich hob den Kopf, um die Tränen am Laufen zu hindern, und da sah ich Lehki, der mit offenem Mund am Fensterbrett stand und mich anstarrte, als sei ich verrückt. Damit war mein Ruf begründet.

Aber zu Hause ordne ich mich unter. Es würde mir niemals einfallen, die väterliche Autorität in Frage zu stellen. Niemals käme ich auf die Idee, die Hand gegen meinen Vater zu erheben oder zurückzuschlagen. Dafür bin ich außerdem viel zu klein. Doch mit jeder Tracht Prügel werde ich härter. Ich bin ein Dickschädel. Ich fürchte ihn natürlich, doch das hindert mich nicht daran, bisweilen zu tun, wozu ich Lust habe. Ich sehe zum Beispiel gern Bollywood-Filme – selbst heute noch! In Bodnath gibt es kein eigentliches Kino. Doch einige Händler in meinem Viertel organisieren gemeinschaftliche Videovorführungen für alle auf ihren Fernsehgeräten. Natürlich gehe ich erst hin, nachdem ich meine Arbeit im Haus erledigt habe. Doch ein indischer Film dauert sehr lange, manchmal bis zu drei Stunden. Drei Stunden, im Laufe derer ich meinem Vater nicht zur Verfügung stehe. Das macht ihn rasend vor Wut, und er verbietet mir, Filme zu sehen, die er obendrein für albern oder gar gefährlich hält. Von Zeit zu Zeit aber, wenn ich es nicht mehr aushalte oder wenn eine meiner Nachbarinnen mich so sehr angestachelt hat, dass ich nicht widerstehen kann, stehle ich mich davon. Ich gehe zu einer Vorführung, die zur Zeit des Mittag- oder Abendessens stattfindet, und mache mich mit leerem Magen auf den Weg in der Hoffnung, dass er zu sehr mit dem Essen beschäftigt ist, um mich zu suchen. Jedes zweite Mal, wenn ich nach Hause zurückkomme, den Kopf in den Wolken und das Herz gierig nach Romantik, werde ich mit der Peitsche empfangen, die er aus Stromkabeln angefertigt hat. Ich sage mir dann, dass dies der normale Vorgang ist, der Preis, den ich dafür zahlen muss, den Film gesehen zu haben: zwei Rupien für eine saftige Tracht Prügel!

Ich habe mich nie gehasst, unterschätzt oder falsch eingeschätzt. Ich habe mir nie gesagt, dass ich verdient hätte, was mir widerfuhr, und ich habe den ganzen Zorn nie gegen mich selbst gerichtet. Nie. Aber ich habe eine gewisse Härte entwickelt. Ich weine letzten Endes nur wenig. Natürlich mag ich es nicht, geschlagen zu werden, das nicht. Aber ich habe mich in mein Schicksal ergeben. Ich habe gelernt, den Schmerz zu bezwingen. Man darf nur nicht zu viel daran denken; man muss warten, dass er nachlässt und sich langsam verflüchtigt. Ihm nicht zu große Beachtung schenken. Ihm eine Form geben und ihn in eine Schachtel stecken, wenn man ihn nicht mehr sehen will. Sobald mein Vater aufhört, mich zu schlagen, beginnt ein Teil von mir zu vergessen. Das ist mein Los. Instinktiv habe ich mich weiter dem zugewandt, was mir Freude bereitet. Meiner Mutter, meinen Brüdern, den Bollywood-Filmen.

Wenn ich nach dem Abendessen meine Arbeit beendet habe, gehe ich mit meinen Brüdern nach draußen, halte den älteren bei der Hand, trage den anderen auf dem Rücken wie ein kleines brüllendes und lachendes Bündel, mit einem Stück Stoff auf meinen Rücken gebunden. Meine geliebte Bürde und ich laufen durch die Straßen zum nahegelegenen *Stupa*, den wir zusammen mit all den anderen Leuten aus dem Viertel immer wieder umkreisen. Ich lasse den Kleinen auf meinem schmerzenden Rücken hüpfen, bis er vor Lachen juchzt, während der Größere fast fliegt, um, begeistert von dem Abenteuer, meinen Galoppsprüngen zu folgen. Manchmal erklimmen wir die Stufen des *Stupa;* ich steige hinauf und hinab, erfüllt von einer unbändigen Energie. Ich gerate niemals außer Atem. Ich merke gar nicht, wie die Zeit vergeht. Bis ich plötzlich durch meinen kleinen Bruder, der sich in meinen Haaren festkrallt, daran erinnert werde, dass mein Vater wegen meines langen Fortbleibens wütend sein wird. Und nach so viel Freude werden mich seine Schläge in die Wirklichkeit zurückholen. Egal: Es hat sich trotzdem gelohnt. Doch ein Teil von mir ist in diesen Jahren abgestorben. So wie mein Körper die Spuren seines Zorns bewahrt hat, ist meine Seele mit Beulen behaftet, die sich niemals glätten werden.

ZUFLUCHT

Ich führe ein erbärmliches Leben, aber ich finde mich damit ab. Was mir das Herz zerreißt und den Magen umdreht, ist das Leid meiner Mutter. In den Händen meines Vaters ist sie so zerbrechlich wie eine Stoffpuppe. Das ertrage ich nicht mehr.

Sie unterstützt mich so sehr, und ich leide darunter, mich nicht revanchieren zu können. Ich kann den Haushalt übernehmen, mich um das Baby kümmern, ihr meine Liebe zeigen, ich kann sie als Hausfrau ersetzen, und doch kann ich sie nicht glücklich machen, sie nicht moralisch unterstützen. Dabei ist das mein innigster Wunsch. Mein Vater schlägt mich noch immer, aber meine Mutter prügelt er mit neuem Hass: Er weiß, dass er mich damit trifft. Seine Wut nährt sich aus seiner Eifersucht, unsere Verbundenheit macht ihn aggressiv. Für diese grenzenlose Liebe, von der er ausgeschlossen ist, müssen wir bezahlen. Sehr teuer bezahlen.

Nach einem kurzen Rundgang um den *Stupa* finde ich meine Mutter am Boden liegend vor. Die rechte Hand ins

Kreuz gepresst, versucht sie, sich aufzurappeln, indem sie sich an der Mauer abstützt. Neben ihr liegt das Hirschgeweih, das Geschenk eines Besuchers, das normalerweise an der Wand hängt. Mein Vater hat das, was sonst als Zierde dient, zu einem Folterwerkzeug umfunktioniert. Meine Mutter hebt den Kopf. Sie ist blass, die Augen sind schwarzgerändert. Sie ist gealtert.

Der kleine Tisch, auf dem der Altar und das Bild des Dalai Lama stehen, ist umgestürzt. Ich erinnere mich nicht mehr, was an diesem Tag geschehen ist. Hat sie ihm das Essen nicht schnell genug serviert? Hat sie gewagt, ihn nach dem Grund seines langen Fortbleibens zu fragen? Unwichtig … Er hat sie so heftig gestoßen, dass sie zu Boden gestürzt ist. Dabei ist sie mit der rechten Schulter gegen die Wand und dann rücklings auf die große Metalltruhe geprallt, in der wir unsere Kleidung verwahren. Anschließend hat er das Geweih abgenommen und ihr damit auf den Rücken geschlagen. Ich lasse meinen Zorn in mir anschwellen wie einen Lavastrom. Die Wut trübt meinen Blick. Um sie im Zaum zu halten, kneife ich meinen kleinen Bruder, den ich wie immer auf dem Rücken trage, aus einem Reflex heraus in die Wade. Das überraschte Baby beginnt zu schreien.

»Sag mir nicht, dass du ihn nicht hasst!«

Mein ganzer Körper ist vor Entrüstung verkrampft. Ich habe das Gefühl, die geringste Bewegung meinerseits könnte eine Katastrophe auslösen. Ich schließe kurz die Augen, dann helfe ich meiner Mutter auf. Sie ist so erschöpft, dass sie sich fast tragen lässt. Sie ist kaum größer als ich, die ich noch nicht einmal zehn Jahre alt bin. Ich bringe sie zum Bett.

»Geh weg, verlass ihn! Warum bleibst du hier? Geh zu deinem Bruder, lass dich doch nicht umbringen, ich bitte dich …«

»Red keinen Unsinn, Pomo … Und dann? Was soll ich machen? Wer wird mir zu essen geben? Du? Was auch immer ich tue, wohin ich gehe, mein Zuhause ist hier. Ich muss mich um meine Kinder kümmern. Und außerdem, wenn dein Vater nicht gerade sein Aggressionsproblem hat, ist er der beste Mensch der Welt, das weißt du genau.«

»Wenn, wenn, wenn … Er hat jeden Tag sein ›Aggressionsproblem‹. Gott sei Dank verhält er sich von Zeit zu Zeit wie ein normaler Mensch … Ich hasse ihn!«

Die letzten Worte wiederhole ich immer wieder. Meine Hände krampfen sich so fest um die Bettkante, dass meine Knöchel weiß hervortreten. Ich denke nichts mehr, ich fühle nichts mehr, ich bin da, aber fern von der Realität. Mein Bruder weint noch immer, und plötzlich habe ich ein schlechtes Gewissen. Dieses Baby ist völlig unschuldig – warum habe ich ihm wehgetan? Ich mag diese Gewalttätigkeit nicht, die in mir schlummert. Ich ahne, woher sie kommt: Ist es möglich, dass sie sich vom Vater auf die Tochter überträgt? Ich spüre, wie mein Kinn zittert, und versuche, die Tränen zu unterdrücken, die in mir aufsteigen.

»Pomo? Pomo? Alles in Ordnung?«

Meine Mutter sitzt noch immer neben mir, sie wirkt beunruhigt. Sanft legen sich ihre Finger auf meinen Arm. Ein leichter Druck wie von einem Vogel, der sich auf einem Zweig niederlässt. Ich öffne die Augen und sehe sie an. Sie mustert mich forschend [und aufmerksam] und versucht herauszufinden, was in meinem Kopf vorgeht. Ich weiß, dass sie den Sturm erkennt. Ruhig gleitet ihre Hand auf die meine, die noch immer die Bettkante umklammert. Die Hand ist warm und rau. Mein Blick fällt auf unsere aufeinanderliegenden Hände. Ihre ist rot, breit und rissig. Meine ist jetzt ganz weich und schlaff. Eine große Müdigkeit überkommt mich. Wenn ich könnte, würde ich mich auf den Boden sinken lassen, da, wo ich jetzt bin, wie ein Hemd, das man abstreift und zu einem formlosen Haufen hinwirft. Der Zorn ist dem Überdruss gewichen. Ich fühle mich völlig ausgelaugt.

»Dein Vater ist sicher nicht vollkommen. Aber nie, nie im Leben könnte ich ihn hassen. Und weißt du, warum?«

»Nein …«

»Weil er mir meinen schönsten Schatz geschenkt hat: dich und deine Brüder. Dass es dich gibt, ist auch ihm zu verdanken. Wenn du genug zu essen hast, dann hat er dafür gesorgt. Er hat dich großgezogen. Aus diesem Grund werde ich deinem Vater immer dankbar sein. Und das solltest du auch. Und, hör mir gut zu, mein Kind: Es gibt keinen Grund dafür, dass er mich so quält. Das ist mein Karma. Gewiss habe ich mich in einem früheren Leben schlecht verhalten, dafür muss ich in diesem bezahlen. Und das muss ich durchstehen – bis zum Ende.«

Ich bewundere meine Mutter dafür, dass sie zu so viel Mitgefühl fähig ist. Von jetzt an häufen sich ihre beschwichtigenden Worte, und in dem Maße, in dem sie meinen Zorn wachsen spürt, versucht sie, mir das zu erklären, woran sie glaubt und was ihr so sehr hilft. Durch ihre stetigen Aufmerksamkeiten und Gespräche hat sie die Güte in mir geschützt und gefördert, so wie man eine empfindliche Blume hegt, die dem Wind ausgesetzt ist. Ihr verdanke ich es, dass während der unzähligen Stunden, in denen wir gekocht, gewaschen, geredet haben, in meinem Herzen etwas anderes keimen konnte als Angst und Zorn. Unsere Küche war der Geburtsort aller positiven Gefühle, die ich später mit meinem Meister entwickeln konnte.

Wie alle Buddhisten glaubt meine Mutter, dass jede unserer Handlungen in diesem oder einem anderen Leben Folgen haben wird. Dass jedes unserer Leben von den vorhergehenden beeinflusst wird und dass sie ineinandergreifen wie die Glieder einer Kette. Ich kann nicht umhin zu denken, dass sie für ihre Güte und ihr Verständnis eindeutig zu teuer bezahlt.

Auflehnung liegt ihr nicht. Mir schon. Ich will die Dinge nicht erdulden. Ich will nicht die Sklavin eines Mannes sein, nicht wie ein Stück Vieh behandelt werden. Lieber will ich sterben, als den Launen eines Menschen ausgeliefert zu sein, der – abgesehen von so einem Ding zwischen den Beinen und dem Recht auf Bildung – nicht mehr hat als ich. Wenn ich mir meine Mutter ansehe, weiß ich, dass ich ihr Leben nicht führen will. Sie spricht von Liebe, und ich spüre, wie der Hass in meinem Herzen schwelt. Morgens, wenn mein Vater aufsteht und ich ihm den Tee serviere, mittags, wenn ich ihm sauberes Wasser für seine Statuen bringen muss, abends, wenn wir zusammen essen – ich ertrage ihn nicht mehr. Das Paar, das er und meine Mutter bilden, erschreckt mich zutiefst, weil sich dahinter dasjenige abzeichnet, von dem ich einmal ein Teil sein werde. Mit wem wird mich mein Erzeuger verheiraten wollen? Ich will nicht, so wie meine Mutter, gezwungen werden, einen Mann zu ehelichen, der mein Vater sein könnte und mich wie sein Dienstmädchen behandelt.

Von Tag zu Tag wächst in mir eine Kraft, die stärker ist als ich und unbändiger als der Wunsch, eine gute Tochter zu sein, die ihre Eltern ehrt und ihnen gehorcht.

Meine Mutter hat das begriffen. Und in dieser dämmrigen Küche, zwischen zwei Tränenausbrüchen an ihre warme Brust geschmiegt, nimmt mein Leben eine entscheidende Wendung. Ich wage es, mich aufzulehnen. Dazu braucht man Mut, und an diesem Tag habe ich mehr als genug davon.

»Aber warum hast du nur geheiratet? Es gibt nichts Schlimmeres im Leben!«

»Weine nicht, mein Liebes, weine nicht …«

»Ich will nicht gezwungen sein, so zu leben wie du. Ich will nicht die Sklavin eines Mannes werden, dem meine Wünsche und Gefühle völlig gleichgültig sind, der mich wie sein Eigentum behandelt und mich wie ein Tier schlägt! Das könnte ich nicht ertragen!«

»Vielleicht musst du das auch nicht …«

Sie unterbricht sich. Zögert. Ich hänge an ihren Lippen.

»Ich habe von einem buddhistischen Meister gehört, ganz hier in der Nähe in einem Kloster. Er genießt großes Ansehen. Du solltest ihn eines Tages besuchen … und ihm sagen, dass du Nonne werden willst.«

Nonne werden? Die Idee war mir noch nicht in den Sinn gekommen, aber im Handumdrehen nimmt sie Form an.

Natürlich! Wenn ich Nonne bin, entgehe ich der Macht eines Mannes – weil ich keinen habe! Ich werde freier sein als irgendeine Ehefrau … Bislang habe ich mein von Schlägen begleitetes Leben ertragen, ohne mir allzu viele Fragen zu stellen. Ein Tag folgt auf den anderen, und ich denke nicht weiter an meine Zukunft. Aber jetzt hat mir meine Mutter eine kleine Tür gezeigt, und ich stürze darauf zu. Für mich, ebenso wie für meine Mutter, die über ihren eigenen genialen Einfall fast verwundert zu sein scheint, ist die Vorstellung neu. Ich verinnerliche sie augenblicklich. Dieser Mönch ist meine Tür nach draußen. Und die möchte ich mit Geschick nehmen. Ein Fehler darf mir nicht unterlaufen.

Ich brauche Geld. Wenn man einen buddhistischen Meister besucht, muss man, entsprechend seinen Möglichkeiten, eine Gabe mitbringen. Das ist ein Brauch und ein Zeichen der Hochachtung. Ich will, dass dieser Meister begreift, wie wichtig der Besuch für mich ist. Ab dem nächsten Tag versuche ich, Geld zu sparen. Ich habe nur eine Möglichkeit: etwas vom Milchgeld abzuzweigen. Jeden Morgen kaufe ich drei Flaschen für die ganze Familie. Nach und nach gelingt es mir, Münze für Münze in meine Spardose zu stecken. Als mein Vater das bemerkt, nimmt er die kleine Büchse mit den Geldstücken, lässt sie klirren, während er sie in der Hand wiegt, und beschließt, sie für sich zu behalten. Innerlich tobe ich angesichts dieser Ungerechtigkeit. Doch unermüdlich beginne ich von Neuem. Diesmal bin ich vorsichtiger. Wie zufällig gibt mir meine Mutter von nun an nicht mehr die genaue Summe für die Einkäufe; es bleibt immer etwas Kleingeld übrig. Ich behalte es. Sie verlangt es nicht zurück. Nach einigen Wochen habe ich eine ansehnliche Summe zusammen. Außerdem wird dieser Mönch auch sehen, dass ich nur ein kleines Mädchen bin.

Eines Morgens bin ich bereit. Noch vor dem Sonnenaufgang stehe ich auf und bereite das Frühstück für meinen Vater. Dann gehe ich zum Brunnen, um mich zu waschen. Es ist kalt, und zwei hinter einer Mülltonne verborgene Hunde beobachten mich. Zitternd und ohne Lärm zu machen, denn meine Eltern schlafen noch, schleiche ich ins Haus zurück, ziehe ein weißes Kleid an – das, das man mir in der Schule für die Tanzaufführung am Jahresende gegeben hat. Ich entscheide mich dafür als Symbol meiner Reinheit. Ich binde mein Haar mit einem alten Gummiband zusammen, das normalerweise dazu dient, Säcke zu verschließen. Er soll gleich bemerken, dass ich ein ernsthaftes Mädchen bin. Die buddhistischen Meister laufen durch die Straßen und machen ihre Einkäufe wie alle anderen auch. Es ist durchaus möglich, dass er mich schon in unserem Viertel bemerkt hat. Und sollte ich da gerade einem Jungen nachgesetzt haben, muss ich diesen schlechten Eindruck korrigieren.

Sobald die Sonne durch die Wolken dringt, trete ich hinaus. Ich höre vom Kloster die Klänge des Gongs und die Gesänge. Ich habe das Gefühl, dass all meine Sinne geschärft sind. Ich könnte noch heute jeden Stein auf dem Weg beschreiben. Wie im Traum schreite ich durch das große rotgoldene Tor, das mit Gemälden von buddhistischen Gottheiten geschmückt ist. Ich gehe sicher zum tausendsten Mal durch diesen Eingang, und doch scheint es das erste

Mal zu sein. Bei einem jungen Mönch erkundige ich mich, wo ich Jamgon Kongtrul Rinpoche, den berühmten Meister, von dem meine Mutter gesprochen hat, finden kann. Ich weiß nicht, ob sie ihn persönlich kennt, aber eines ist sicher: Ihr guter Ruf ist bis zu ihm vorgedrungen. Wortlos deutet der Mönch auf das Hauptgebäude. Mit klopfendem Herzen gehe ich hin, ziehe, wie es die Tradition verlangt, meine Schuhe aus, laufe über den langen Gang und atme tief durch, ehe ich die Tür zum Gebetssaal öffne. Und da sitzt er, ganz am anderen Ende, auf einem Teppich, neben ihm sein Assistent. In der Hand hält er eine *Mala* aus Kristall, die tibetische Gebetskette, mit der die *Mantras* gezählt werden, und lässt die Kugeln eine nach der anderen durch seine Finger gleiten. Seine Lippen bewegen sich kaum, doch seine Backen blasen sich regelmäßig auf, so als würde er etwas kauen. In dem Raum stehen und hocken ein Dutzend Männer und Frauen, die offenbar zu ihm möchten. Auch sie haben um eine Audienz bei Jamgon Kongtrul Rinpoche gebeten. Ich seufze; lange werde ich warten müssen, dabei vergehe ich vor Ungeduld. Ich knie etwas abseits nieder. Wenn er fertig ist, wird er mich sehen.

Ich bemerke, dass der Meister mir einen erstaunten Blick zuwirft. Er flüstert seinem Nachbarn etwas zu, der mich daraufhin mustert und dann mit einer Bewegung seines Zeigefingers heranwinkt. Während ich auf sie zutrete, verneige ich mich dreimal – das ist Tradition, ein Ausdruck der Hochachtung. Ich knie vor Jamgon Kongtrul Rinpoche nieder und überreiche ihm die *Khata*, die ich vorbereitet habe: ein weißer Seidenschal, den man mit zum Himmel geöffneten Händen überreicht. Es ist ein Begrüßungsgeschenk, das Reinheit und vor allem Ehrerbietung bezeugt. Nach einer Minute hebe ich den Kopf. Ich finde ihn schön mit seiner kleinen metallgerahmten Brille vor den Augen, die so stark geschlitzt sind wie die der Chinesen, mit der glatten, ebenmäßigen Haut, den großen langgliedrigen Händen und dem safrangelben Seidenhemd. Er strahlt Sanftheit und Reinheit aus. Er muss etwa dreißig sein, nicht älter.

»Wer bist du, Kleine? Du bist recht jung – und ganz allein hierhergekommen? Was willst du?«

Er macht einen freundlichen Eindruck. Ich komme mir sehr wichtig vor und bin zugleich tief beeindruckt. Plötzlich vergesse ich alles: die Höflichkeitsformeln, die Würdigungen. Eigentlich wollte ich mein Anliegen mit schönen Formulierungen schmücken. Doch nur einen Satz bringe ich hervor. Warum nicht gleich zum Wesentlichen kommen:

»Ich will Nonne werden.«

Meine Stimme zittert nicht. Das ist eine Bestätigung. Jamgon Kongtrul Rinpoche lächelt und wirft seinem Assistenten einen Seitenblick zu. Es ist, als hätte ihnen gerade jemand einen Witz erzählt, und ich muss an mich halten, um mich nicht umzudrehen und zu vergewissern, ob nicht hinter mir ein Kind steht und Fratzen schneidet. Ich hocke zu seinen Füßen und bemerke, dass seine Ledersandalen neu sind. Ich bin sicher, dass er sie zum ersten Mal trägt. Bestimmt hat sie ihm jemand geschenkt, der früher in unserem Viertel gewohnt hat und heute reich geworden ist. Die Vorstellung, dass auch er an diesem Tag etwas zum ersten Mal trägt, gefällt mir.

»Wirklich, ich will Nonne werden!«

Ich wirke überzeugt und stelle fest, dass sie es bemerken. Wie im Traum sehe ich, dass er etwas hinter seinem Rücken sucht. Dann öffnet er einen kleinen roten Baumwollbeutel und nimmt eine silberne Schere heraus. Er beugt sich vor und schneidet mir ohne jede Feierlichkeit eine Haarsträhne ab. Ich weiß, dass das symbolisch für die Entsagung steht, der sich die Nonnen unterwerfen. Ich habe nicht das Gefühl zu entsagen; eher schon kommt es mir so vor, als würde mein Leben jetzt erst beginnen. Ich bin zu bewegt, um ein Wort herauszubringen. Der Meister lehnt sich an die Wand und beginnt mit geschlossenen Augen, Gebete zu sprechen. Nach einer sehr kurzen Zeremonie bedeutet er mir durch ein Zeichen, den Platz freizumachen.

»Du heißt ab jetzt Karma Choying Drolma.«

Ich entferne mich rückwärts und mit gesenktem Kopf, damit meine Augen nicht den ungeheuren Stolz verraten, der mich erfüllt. Draußen auf der Treppe zum Kloster atme ich endlich auf. So! Ich habe »Zuflucht genommen«. Was auch immer geschehen mag, ab jetzt gelte ich als Nonne. Ich bin außer Reichweite, Dummheit und Hass der Menschen können mir nichts mehr anhaben. Ich bin aus Pragmatismus und Überlebensinstinkt Ordensschwester geworden, um nie Ehefrau werden zu müssen. Ich bin Nonne geworden, um mich von meinem Leid zu befreien.

Später sollte ich erfahren, dass darin das Wesen des Buddhismus liegt. Bis dahin nahm die Religion nur einen geringen Stellenwert in meinem Leben ein. Wie alle Kinder in meinem Viertel bin ich zwar von der buddhistischen Kultur geprägt und nach bestimmten Prinzipien erzogen worden: nicht töten, nicht lügen, nicht stehlen … Diese Regeln respektiere ich, ohne weiter darüber nachzudenken. Ich verrichte die religiösen Bräuche automatisch. Im Alter von zehn Jahren träume ich nicht vom Buddhismus, sondern von der Freiheit. Tatsächlich aber sind es die Lehren Buddhas, die mich frei gemacht haben.

Vor Freude, Stolz und Erleichterung hüpfend kehre ich nach Hause zurück. Ich bin so aufgeregt wie noch nie zuvor.

»Ich bin Nonne! Ich bin Nonne! Ihr könnt mich nicht hierbehalten, ihr müsst mich ins Kloster schicken! Ich gehe!«

Meine Eltern sehen mich verständnislos an. Ich packe meine Sachen. Viel brauche ich nicht: Meine alte Kleidung kann in die Mülltonne, ab jetzt muss ich kunstvoll gefaltete Gewänder aus braunem, rotem oder orangefarbenem Stoff tragen – das sind die einzigen Farben, die mir als Ordensschwester gestattet sind. Ich will einige Fotos der großen Meister mitnehmen, an denen ich hänge, etwas Kleidung und den kleinen grünen Reisewecker, den ich eines Tages von meinem Vater bekam – eines der wenigen Geschenke, die ich je von ihm erhalten habe. Mehr brauche ich nicht. Endlich lebe ich.

Meine Mutter lächelt, mein Vater auch. Sie scheinen zufrieden. Bei den Buddhisten wird es gern gesehen, wenn sich ein Familienmitglied für das geistliche Leben entscheidet: Diese gute Tat färbt auf den ganzen Klan ab. Mein Halbbruder, der Sohn, den mein Vater mit seiner ersten

Frau hatte, ist ebenfalls Mönch, in Indien, und mein Vater ist sehr stolz darauf. Endlich werde ich ihm einen Grund geben, zufrieden mit mir zu sein. Er kommt zu meinem Bett und legt die Hand auf meinen Arm. Sanft. Doch etwas in seinem Blick, das ich nur allzu gut kenne, verrät ihn. Ich spüre, dass nicht alles wie in meinen Träumen verlaufen wird.

»Das ist eine gute Neuigkeit, Pomo, und wir werden alles tun, damit du ins Kloster gehen kannst. Aber du wirst etwas warten müssen.«

Hätte ich mir denken können … Natürlich würde er mich nicht so einfach gehen lassen. Und ich musste mich tatsächlich gedulden. Drei Jahre lang. Drei Jahre, während derer ich wie besessen nur an meine Freiheit dachte. In meinem Kopf war ich schon anderswo. Im Alltag waren die Dinge viel komplizierter. Mein Vater brauchte mich noch zu Hause. Wer sonst sollte meiner Mutter helfen? Bestimmt nicht meine Brüder. Ich war viel zu nützlich, als dass er so mir nichts dir nichts auf mich verzichtet hätte. Jeden Tag fand dasselbe Gespräch statt:

»Wann lässt du mich endlich gehen?«

»Bald, bald …«

Ich schäume innerlich wie Milch kurz vor dem Siedepunkt. Eines Morgens beschließe ich zu handeln. Wie immer gebe ich meinen kleinen Brüdern zu essen und bereite das Frühstück und eine Thermoskanne Tee für eventuelle Besucher vor. Dann packe ich etwas Proviant ein, ein paar Stücke Brot. Ich zögere, beschließe aber, auch den Schal meiner Mutter mitzunehmen, ihren liebsten, weiße Wolle mit Stickerei. Und ich fliehe. Am Vorabend hat mein Vater mich zu Unrecht gezüchtigt, und ich erinnere mich, gedacht zu haben: »Das reicht.« Einfach so, das reicht. Ich habe mich entschieden, nach Nagi Gompa zu gehen, in jenes Kloster, in dem ich erwartet werde. Vor zwei Jahren, ich muss elf gewesen sein, hat mich mein Vater einem angesehenen Meister namens Tulku Urgyen Rinpoche vorgestellt. Er leitet mehrere Klöster, eines, Nagi Gompa, liegt in den Bergen, das andere in unserem Viertel, in Bodnath. Dort habe ich ihn auch zum ersten Mal gesehen. Er saß auf seinem Gebetsteppich und meditierte. Er hat mich nur gesegnet, indem er meinen Kopf mit seinen Händen berührte. Ohne dass er etwas hätte sagen müssen, habe ich so viel Mitgefühl in seinem Blick gespürt, so viel Güte in seinem Verhalten, dass ich auf der Stelle von einer unermesslichen Freude erfüllt war. Er sagte zu meinem Vater:

»Bringen Sie sie, wann Sie wollen. Wir werden sie erwarten.«

Seither denke ich immerzu an ihn, nachts habe ich einen erstaunlich intensiven Traum: Ich gehe in unserem Viertel spazieren, als mich plötzlich ein ungewöhnlicher Lärm aus meinen Gedanken reißt. Ich hebe die Augen: Es ist Tulku Urgyen Rinpoche in einem Helikopter, der mich abholen kommt, um mich ins Kloster zu bringen! Ja, sobald ich ihn gesehen hatte, wusste ich, dass er mein Retter sein würde. Also wende ich mich an diesem Tag auch wie selbstverständlich ihm zu, zu ihm will ich endlich gehen. Das Kloster liegt im Shivapuri-Nationalpark, nördlich von Kathmandu, vielleicht vier oder fünf Fußstunden entfernt. Mehr weiß ich nicht. Aber das macht auch nichts! Ich breche trotzdem auf. Ich verlasse meine Straße, mein Viertel und die umliegenden Felder, auf denen ich für gewöhnlich spiele. Die Sonne steht schon hoch am Himmel. Es ist heiß, doch sie ermöglicht mir die Orientierung. Ich muss nach Norden gehen. Ich befinde mich auf einem Weg, der von schmutzigen, schlammigen Gräben gesäumt ist. Es gibt keine Häuser mehr. Noch nie habe ich mich so weit weggewagt. Mir wird bewusst, dass ich Bodnath fast noch nie verlassen habe. Die Welt ist mir unbekannt. Plötzlich bemerke ich, dass ich vor Angst zittere. Ich habe keine Ahnung, wo ich bin. Ich könnte auf meinem Vorhaben bestehen, warten, bis ich auf jemanden treffe, der mir den Weg nach Nagi Gompa weisen kann. Aber ich kehre um. Ich spreche mit niemandem über diesen gescheiterten Fluchtversuch, nicht einmal mit meiner Mutter. Trotz meiner Entschlossenheit und des Grauens, das mir mein Alltag einflößt, bin ich doch im letzen Moment vor dem großen Sprung zurückgescheut. Nach einem einstündigen Marsch habe ich aufgegeben. Manchmal macht das Unbekannte mehr Angst als die Hölle.

Als ich zurückkomme, scheint niemand meine Abwesenheit bemerkt zu haben. So oft bin ich gezüchtigt worden, weil ich mich nur zwei Straßen weit entfernt hatte, doch als ich diesmal von meinem Ausbruchsversuch zurückkehre, werde ich nicht bestraft. Aber der Wurm sitzt in der Frucht. Von diesem Augenblick an spüre ich die Prügel meines Vaters quasi nicht mehr. Ich sage mir: »Schlag zu, schlag nur; morgen bin ich nicht mehr da.« Auch wenn mein Vater mich fast umbringen sollte, würde ich noch ins Kloster gehen … Ich beginne, mich gegen alles aufzulehnen, und entschließe mich zu einem passiven Widerstand.

Ich bin bockig wie ein Maulesel. Ich sehe meinem Vater direkt in die Augen und lasse absichtlich eine gewisse Zeit zwischen seinen Befehlen und ihrer Ausführung verstreichen. Ich bleibe immer ruhig. Offiziell habe ich Zuflucht bei einem Meister im Kloster genommen, und ich habe es so eingerichtet, dass das ganze Viertel auf dem Laufenden ist. Natürlich bin ich noch immer seine Tochter, und er hat Befehlsgewalt über mich. Doch ich bin auch eine angehende Nonne, das heißt äußerst geachtet. Er würde es nicht wagen, mich daran zu hindern, Ordensschwester zu werden. Das wäre in niemandes Interesse, vor allem nicht in seinem. Denn mein Status kommt auch ihm zugute: Für einen Vater ist es eine Ehre, eine Nonne zur Tochter zu haben, ein Weg, sein Karma zu verbessern. Ich stehe also unter Schutz. Und ich kann nicht mehr zurück.

DAVONGEKOMMEN

Mein Leben verändert sich an einem Freitag – dem Waschtag. An diesem Morgen gehe ich mit einem großen Bündel zum Brunnen. Ich bin für die Wäsche der ganzen Familie zuständig; das dauert Stunden. Ich hocke da, die schmerzenden Arme ausgestreckt, die Hände von der schlechten Seife und dem kalten Wasser gerötet, und schrubbe das graue Hemd meines Vaters. Nebenbei sage ich mir meine Lektionen her. Ich bin eine der wenigen, die zur Schule gehen. Mein Vater hat mich hingeschickt, weil ihm einer seiner Cousins, der aus Indien zu Besuch war, gesagt hat, das sei wichtig. Und seltsamerweise hat er auf ihn gehört. Er bezahlt vierzig Rupien im Monat, damit ich in der kleinen Schule unseres Viertels am Unterricht teilnehmen darf. Das ist nicht sehr teuer, und ich lerne nicht viel, aber ich kann lesen, zählen, drei Worte Englisch und mich auf Nepalesisch verständigen. Ich habe schon mehr gelernt, als meine Eltern jemals wissen werden. Vor allem bin ich eine sehr gute Schülerin: Der Lehrer hat mich schon im ersten Jahr zwei Klassen überspringen lassen. Und ich habe gehört, wie er zu meinem Vater gesagt hat, dass man mich, wenn ich so weitermache, vielleicht eines Tages auf die Universität nach Amerika schicken könnte! Dabei komme ich zu Hause nie dazu, meine Aufgaben zu machen: zu viel Arbeit und kein Platz. Also stehe ich so oft wie möglich morgens noch früher auf, erledige, während meine Mutter sich schon in der Küche zu schaffen macht, schweigend meine Arbeit und stehle mich dann zu der noch verlassenen Schule, die nur wenige Meter von uns entfernt liegt. Wenn der Hahn kräht, sitze ich bereits an meiner Bank und mache, die Zunge vor Eifer leicht vorgestreckt, meine Hausaufgaben, bevor die anderen Kinder eintreffen. Abends, wenn ich das Geschirr gespült habe und draußen in der Dunkelheit die Hunde knurren höre, die die Mülltonnen der umliegenden Häuser durchwühlen, falle ich wie ein Stein in mein Bett. Ich gehe nicht wirklich gerne zur Schule; oft würde ich lieber zu Hause bleiben, aber mein Instinkt sagt mir, dass dies eine der wenigen Chancen ist, die mir mein Leben bisher geboten hat.

Ich kehre nach Hause zurück, das schwere nasse Wäschepaket wie einen Sack auf der Hüfte, um meinen schmerzenden Rücken zu schonen, der grün und blau ist von den Schlägen mit der Peitsche aus Elektrokabeln. Vor der Pause hat mir der Lehrer, der hinter mir stand, einen freundschaftlichen Klaps auf den Rücken gegeben, um mich zu einer guten Rechenarbeit zu beglückwünschen. Ich hätte beinahe aufgeschrien. Reflexartig habe ich seine Hand weggestoßen und bin aufgesprungen, als hätte man mich verbrannt. Dazu habe ich ihn finster mit meinem

Killerblick angesehen … Das hat er nicht verstanden, und ich glaube, er ist verärgert. Er hat gesagt, ich sei wild und hitzköpfig. Er hat mich vor allen anderen getadelt und mir verboten, in die Pause zu gehen. Wenn ich auch weiß, dass er die Gründe für meine Reaktion nicht verstehen kann, bin ich doch wütend auf ihn. Ich habe ihm nie anvertraut, warum ich mich manchmal mit schmerzverzerrtem Gesicht auf meinem Stuhl winde. Niemand merkt, wie ich ein gequältes Stöhnen unterdrücke. Aber ich hätte mir so gewünscht, dass er, der gebildet ist, es errät. Doch stattdessen verurteilt und bestraft er mich.

Wenn die Kinder aus dem Viertel mich in dieser komischen Haltung daherkommen sehen, werden sie sich über mich lustig machen … Also setze ich meinen Weg fort, den Blick auf meine Sandalen gerichtet. Meine Eltern erwarten mich im Haus. In den Augen meiner Mutter schimmert ein ungewöhnlicher Glanz. Mein Vater scheint zufrieden. Und es ist noch ein anderer Mann zugegen, den ich nie zuvor gesehen habe. Er ist Mönch und noch sehr jung, um die zwanzig, groß und schlank. Ich kann nicht umhin, ihn sehr schön zu finden.

»Pomo, ich möchte dir Sonum Gyurmey vorstellen. Er ist Ordensbruder im Kloster deines Meisters Tulku Urgyen Rinpoche. Wir haben eine gute Nachricht für dich. Du gehst ins Kloster. Du wirst uns verlassen, meine Tochter …«

Mein Vater hat eine traurige Miene aufgesetzt. Die Tränen, die in den Augen meiner Mutter glänzen, bemerke ich kaum. Seit drei Jahren warte ich auf diesen Satz … Seit drei Jahren sehe ich beim Einschlafen den Mund meines

Vaters vor mir, wie er diese Worte ausspricht. Seit drei Jahren packe ich im Geist meine Sachen und gehe. Ich weiß genau, was ich mitnehmen werde. Der Film ist so oft in meinem Kopf abgelaufen. Es ist so weit: Mein Vater hat beschlossen, dass ich in seinem Haus genug gedient habe. Meine Geduld wird endlich belohnt.

»Ich bin in zehn Minuten fertig.«

Alle beginnen zu lachen.

»Nein, Pomo, heute Abend geht es noch nicht los. Sonum Gyurmey kommt in drei Tagen wieder, und dann brechen wir auf.«

Was sind schon drei Tage nach drei Jahren? Man könnte annehmen, sie würden im Handumdrehen vergehen. Doch nie ist die Zeit langsamer verstrichen. Vor allem die letzte Nacht ist eine Qual.

Ich dachte, die Sonne würde nie wieder aufgehen, und ich sei dazu verdammt, mein ganzes Leben lang auf ihre ersten Strahlen zu warten. Unmöglich, ein Auge zuzutun, für meine Mutter genauso wie für mich. Ich höre, wie sie sich in ihrem Bett hin und her wälzt. Ich ahne, dass sie sich für mich freut, aber selbst traurig ist. Doch ich bin außerstande, die Euphorie zu zügeln, die meinen ganzen Körper erfüllt. Mit weit geöffneten Augen liege ich im Dunkeln, ohne mich zu rühren. So glücklich war ich noch nie. Mir ist, als hätte sich in meinem Inneren eine Kerze entzündet, deren warme, sanfte Flamme meine Seele für immer wärmt. Zum ersten Mal in meinem Leben fühle ich mich gesegnet.

Ich schwebe.

Und ich schwebe weiter während der ganzen Fahrt von

unserem Haus zu dem gut eine Autostunde entfernten Kloster Nagi Gompa. Ich sitze hinten in Sonum Gyurmeys kleinem grünem Suzuki. Der junge Mönch ist mit dem Transfer zwischen der Stadt und den Bergen beauftragt. Mein Onkel sitzt vorne, mein Vater auf der Rückbank neben mir. Mein blaues Köfferchen steht zwischen uns. Ich trage meine Alltagskleidung, einen ebenfalls blauen Rock, eine weiße Bluse, Socken und schwarze Ledersandalen.

Meine Mutter ist zu Hause geblieben, um auf meine kleinen Brüder aufzupassen, und das ist auch gut so. Ihre Stimme hallt in mir wider, ihre letzten Ratschläge – »sei freundlich zu allen«, »fall nicht auf«, »gehorch deinem Meister« –, und ich sehe sie auf der Schwelle stehen. Meine kleinen Brüder an ihre Beine geklammert, winkt sie dem sich entfernenden Auto nach.

Ich bin glücklich: Ich werde Nonne. Eine richtige Nonne. Kein Kind mehr, das träumt und so tut als ob. Ja, ich schwebe. Ich habe die Gewissheit, ins Paradies zu kommen. Ich steige zum Glück auf.

Wir fahren durch Felder, Dörfer und wieder durch Felder. Nach vierzig Minuten erreichen wir die Einfahrt zum Shivapuri Nationalpark. Hier, auf halber Höhe des Berges, liegt das Kloster. Männer in Drillichanzügen bewachen den Eingang, ein hohes geschwungenes Steintor. Einer von ihnen tritt auf unser Auto zu, und der Mönch erklärt:

»Wir fahren nach Nagi Gompa. Dieses junge Mädchen tritt ins Kloster ein.«

»Wie heißt sie?«

»Ani Choying Drolma!«

Die Kraft meiner Stimme überrascht mich. Es ist das erste Mal, dass ich mich einem Fremden so vorstelle. Vorher habe ich mit meiner Mutter geübt, meinen neuen Namen auszusprechen, um dabei sicher und natürlich zu wirken. Mein Vater wendet sich zu mir, erstaunt, dass ich das Wort ergriffen habe. Er ist stolz. Das könnte ich schwören.

Der Mann sieht mich durch die Scheibe an, mustert mein Gesicht und lässt uns durch. Sonum Gyurmeys kleiner Wagen rumpelt über den holprigen, steinigen Weg, der so aussieht, als sei er in den Dschungel gegraben worden. Der Motor wird diese Herausforderung nicht überstehen. Alle schweigen. Die Stöße der misshandelten Karosserie sind heftig, und der Kopf meines Vaters wäre mehrmals fast an das Dach geschlagen. Zweimal bleibt der Suzuki in einem tiefen Schlagloch stecken, und mein Vater steigt aus, um schimpfend die Steine beiseitezuräumen. Es regnet, und der Schlamm macht die Sache nicht besser. Ich klammere mich am Türgriff fest, und jetzt, weniger als hundert Meter vom Ziel entfernt, überkommt mich zum ersten Mal Angst. Mein Magen rumort. Ist es die Furcht vor dem Unbekannten? Die Überraschung angesichts dieser atemberaubenden, aber feindselig wirkenden landschaftlichen Umgebung? Ich hätte nicht gedacht, dass Nagi Gompa so abgelegen ist. Mein Vater steigt wieder ein und wischt sein regennasses Hemd ab. Er lächelt mir zu. Ich lächle zurück und denke, dass er eigentlich gar nicht so schlecht ist. Ich habe keine Ahnung, was mich jetzt erwartet.

All diese Leidensjahre haben mich misstrauisch gemacht. Ich weiß, dass die Welt hart ist. Und wenn ich nun eine Hölle verlasse, um eine andere, unbekannte zu betreten? Wenn ich in eine raue Gemeinschaft geraten sollte, in der ich völlig allein bin und nicht einmal die tröstliche Brust meiner Mutter habe, an die ich meinen Kopf legen darf, die runden Arme meiner Brüder, in denen ich leise weinen kann?

Meine Unsicherheit dauert nicht lange. Was auch geschehen mag, ich weiß mich zu verteidigen. Vor allem werde ich meinem Vater nicht mehr ausgeliefert sein. Und überhaupt wird alles besser sein als zu Hause. Mit neun Jahren habe ich begriffen, dass es meine Vorbestimmung ist, für die Familie zu arbeiten, weil ich ein Mädchen bin, und dass meine Brüder für immer von solchen Pflichten befreit sind. Seit meinem zehnten Lebensjahr weiß ich, dass ich von dem Tag an, an dem ich heirate, ein Haussklave sein werde. Ich misstraue den Männern. Ich bin noch nicht einmal eine Frau und lehne mich schon gegen die männliche Dominanz auf. Wenn ich erst einmal Nonne bin, wird dieses Problem gelöst sein, denn ich weiß, dass der Mann, zu dem ich gehen werde, die Frauen voll und ganz respektiert. Tulku Urgyen Rinpoche ist anders als die anderen Männer. Das habe ich gespürt, als ich ihn vor zwei Jahren zum ersten Mal gesehen habe. Beim Verlassen des Klosters haben wir einige Worte mit einer jungen Nonne gewechselt, die in seinen Diensten stand. Sie hat uns anvertraut, dass ihr Meister auch Frauen die Lehren erteilt, die normalerweise den Männern vorbehalten sind, beispielsweise *Chö*, eine tantrische Praxis, die es ermöglicht, schmerzliche Gefühle wie Angst und Hass zu überwinden. Ich habe ihr verblüfft gelauscht. Hätte ich eine Göttin vor mir gehabt, hätte ich sie vermutlich kaum anders angestarrt.

Endlich hält der Jeep an. Nach einstündigem Geholper ist mein Nacken verspannt, und meine Gedanken sind verdreht. Dichter Regen fällt auf unsere Schultern, während wir die Stufen zum Kloster erklimmen. Mein Vater und mein Onkel sind schon außer Atem. Ich sehe ihre gebeugten Rücken, höre sie keuchen. Sie sind alt. Ich habe das Leben vor mir. Mit dreizehn Jahren werde ich endlich frei sein. In meinem Inneren hege ich dieses neue Gefühl von Freiheit, das ich noch nie empfunden habe und das mir so sehr gefehlt hat, wie einen Schatz. Jetzt kann ich es wirklich auskosten. Mein Koffer scheint mir leichter als eine Feder, ich könnte gleich vier der ausgetretenen Stufen auf einmal nehmen, aber ich beherrsche mich. Ich muss einen guten Eindruck machen, mich ruhig, brav und sanft geben. Möge diese Illusion wenigstens den ersten Tag Bestand haben … Wir gehen an einem kasernenähnlichen Komplex aneinandergebauter Hütten vorbei. Es geht noch höher. Endlich liegt das Kloster vor uns. Ich atme tief durch und springe die letzte Stufe hinauf. Drei Gebäude erheben sich auf einem grasbewachsenen Plateau. Schmale gerade Steinwege führen von einem zum anderen. Ich stelle mir vor, dass das mittlere das Haupthaus ist, wo die wichtigsten Zeremonien stattfinden. Das Dach ist flach und die Architektur harmonisch. Zwei bemalte Säulen umrahmen die geschnitzte Eingangstür, die man über mehrere Stufen erreicht. Eine junge, in einen bordeauxroten Steppmantel gehüllte Nonne tritt uns lächelnd entgegen. Sie scheint nicht viel älter als ich zu sein.

»Ich bin Ani Gyanatara. Willkommen, Ani Choying Drolma. Kommen Sie mit, ich führe Sie herum. Choying, du kannst deinen Koffer dalassen, hier wird er dir nicht gestohlen.«

Ani Gyanatara zeigt mir den obersten Stock des Hauptgebäudes. Dort lebt Tulku Urgyen Rinpoche in einem winzigen Zimmer, das auf das Dach geklebt zu sein scheint. Rechts, etwas zurückversetzt, steht das Haus, in dem die Gäste aufgenommen werden und wo sich die Nonnen nach dem Gebet versammeln. Etwa hundert Ordensschwestern gibt es hier im Kloster. Sie wohnen in kleinen, aneinandergebauten Häuschen, die den Komplex bilden, den wir bei unserer Ankunft gesehen haben. Im Erdgeschoss gibt es ein einziges, etwa sechs Quadratmeter großes Zimmer. Auf der rechten Seite führt eine Holztreppe auf einen Hängeboden, in dem eine einfache Küche eingerichtet ist. Jeder muss seine Lebensmittel selbst kaufen, und die Mahlzeiten werden, Festtage ausgenommen, nicht gemeinsam eingenommen. Ich beginne zu ahnen, dass es auch hier Unterschiede zwischen den Reichen und den Armen gibt.

»Aber du wirst nicht hier wohnen, du bist eine der Hilfen unseres Meisters.«

Erste Neuigkeit. Ich weiß zwar nicht, wie ich ihm eine Hilfe sein könnte, aber es freut mich trotzdem. Solange ich nicht seine Hemden waschen muss … Als wir wieder draußen sind, dreht Ani Gyanatara sich um und deutet mit dem Finger zum Horizont. So weit das Auge reicht, erstreckt sich vor uns das Kathmandu-Tal, das artig an unsere Hänge geschmiegt ist. Von hier aus nimmt man weder den Lärm wahr noch den Staub, das Geschrei, die Unfälle, die Armut. Nur die Schönheit der Berge, die Dörfer, in denen nach und nach die Lichter angehen, die dunkleren Flächen des Waldes und in der Ferne die große Stadt. Es ist, als würde man das Leben im Kino sehen: Alles scheint wahr darin, aber nichts kann wirklich schlimm sein. Ich fühle mich einfach gut. Ein leichter Wind streicht um meine Ohren, und ich vernehme in der Ferne das Rauschen des Dschungels. Ich weiß, dass ich hier in Sicherheit bin. So als hätte dieser hoch gelegene schöne Ort all die qualvollen Jahre auf mich gewartet. Ich bin gerade erst angekommen, doch ich weiß, dass ich schon zu Nagi Gompa gehöre.

Ich spüre ein Prickeln im Nacken. Der Blick meines Vaters ist starr auf mich gerichtet. Seit einigen Minuten schweigt er. Er sieht die junge Nonne voller Hochachtung an. Seine Augen wandern beunruhigt von ihr zu mir. Es scheint, als wolle er etwas sagen, doch er bringt keinen Ton heraus. Ich weiß, ihm war stets bewusst, dass ich nicht sein Eigentum bin und dass auch seine Schläge nichts daran würden ändern können. Er freut sich für mich. Hier aufgenommen zu werden, ist ein Glück.

Die junge Ordensschwester führt uns mit schnellem Schritt durch mehrere Räume im Hauptgebäude, bis wir in eine große Küche kommen, in der ein prasselndes Holzfeuer brennt. Dort macht sich eine andere, füllige Nonne lächelnd zu schaffen. Sie scheint eine Suppe zu kochen. Der Duft kitzelt meine Nase. Plötzlich habe ich Hunger. Heute Morgen vor dem Aufbruch habe ich vor lauter Aufregung keinen Bissen herunterbekommen.

»Ich überlasse Sie Ani Tara. Ich werde den Meister von Ihrer Ankunft unterrichten.«

Wir bekommen heißen aromatisierten Tee serviert. Unbeholfen stehen wir – mein Onkel, mein Vater und ich, mitten im Raum. Mein Vater tritt von einem Fuß auf den anderen und blickt sich sichtlich verlegen um. Ich begnüge mich damit zu warten. Nach zehn Minuten kommt Ani Gyanatara zurück. Sie bleibt auf der Schwelle zur Küche stehen und macht uns ein Zeichen, ihr zu folgen. Über eine Zementtreppe steigen wir mehrere Stockwerke hinauf. Ich konzentriere mich ganz auf den Rocksaum unserer Führerin, der genau vor mir mit einem seidigen Rascheln Stufe für Stufe über den Boden schleift. Ich bin ungeduldig und ängstlich zugleich. Wir betreten einen großen Raum mit rot und ockergelb gestrichenen Säulen und dicken gemusterten Teppichen. Eine große Fensterfront bietet einen atemberaubenden Blick über das Tal. In einer Vase stehen ein paar Blumen, in der linken Ecke ein einfaches Bett: alles ist sehr schlicht und doch harmonisch. An der hinteren Wand hockt mein Meister im Lotussitz, die geöffneten Hände auf den Knien. Während wir uns nähern, verneigen wir uns dreimal, wie es die Tradition verlangt. Ich habe den Eindruck, endlich angekommen zu sein, so als hätte ich immer hierhergehört und wäre nur durch einen Irrtum vorübergehend woanders gewesen. Mein Vater überreicht dem Meister eine kleine Bronzestatue, die er eigens für ihn gefertigt hat. Tulku Urgyen Rinpoche lächelt ihm zu und wendet sich dann zu mir. Er sagt nichts, und doch lese ich in seinen Augen ein herzliches Willkommen. Ja, ich weiß, dass ich im tiefsten Innern meiner Seele immer hierherkommen wollte. Es ist kein Traum mehr. Ich habe so lange darauf gewartet.

Dann noch einmal die gleiche Zeremonie wie schon damals vor drei Jahren. Noch einmal beugt sich der Meister zu mir und schneidet mir eine kleine Haarsträhne ab. Ich neige den Kopf zu ihm und bemerke die winzigen feinen Haare, die langsam durch die Luft wirbeln, ehe sie sich unsichtbar auf den Teppich legen.

»Du heißt ab jetzt Ani Choying Drolma.«

Ani bedeutet auf tibetisch »Schwester«. Ich fühle mich von einer ungeheuren Last befreit, so als hätten sich Erwartung und Ungewissheit über all die Jahre wie tonnenschwere Steine angesammelt, die mich zu Boden gezogen haben. Die Verbindung mit meiner alten Welt ist durchtrennt. Ich atme, lebe wieder. Ich erhebe mich, bin aber jetzt so aufgeregt, dass ich vom Rest der Zeremonie nicht mehr viel mitbekomme. Zu viele Emotionen. Eine andere Nonne – später erfahre ich, dass ihr Name Ani Anga ist – bringt ein Kleid, mein erstes Nonnengewand aus bordeauxrotem Leinen. Nachdem Tulku Urgyen Rinpoche es gesegnet hat, führt man mich nach unten. Jetzt dürfen mein Vater und mein Onkel mich nicht mehr begleiten. Mein Kopf muss rasiert werden.

Eine der Nonnen führt mich in einen kleinen Garten. Zu meinen Füßen erstreckt sich das Tal, über dem jetzt dicke grau-glänzende Wolken hängen, wie ein leicht bewegter See. Es nieselt. Ich sitze auf einem Stuhl; vier Schwestern bilden einen Kreis um mich. Ani Anga leitet die Operation. Sie hält eine große Schere in der Hand. Die anderen sehen mich zunächst schweigend an. Dann beginnen sie alle gleichzeitig zu reden und stellen mir alle möglichen Fragen, ohne ihre Tätigkeit zu unterbrechen. Die erste schneidet mir die Haare ab, die kaum über meine Ohren reichen. Eine andere seift mir den Kopf mit einem Rasierpinsel ein und massiert ihn dann mit schnellen Bewegungen, um die aufgetragene Masse zum Schäumen zu bringen. Eine dritte nähert sich mit einem Rasiermesser und beginnt, von der Stirn ausgehend, meinen Kopf zu rasieren. Und plötzlich spüre ich das Gewicht der Regentropfen, die auf meinen kahlen Schädel fallen. Plopp, plopp, plopp … Sie sind winzig, doch auf meinem frisch geschorenen Kopf wirken sie wie kleine Hagelkörner. Das gefällt mir. Ich bin so stolz, dass ich die Augen geschlossen halte, aus Angst, die Ordensschwestern könnten meine allzu große Freude erkennen. Die letzte frottiert mir den Kopf mit einem Handtuch, um den verbleibenden Schaum zu entfernen. Der ganze Vorgang hat keine fünf Minuten gedauert. Fünf Minuten, um eine richtige Nonne zu werden! Die frische Luft an meinem Kopf vermittelt mir ein bislang unbekanntes Gefühl, so als stünde mein Gehirn in direktem Kontakt mit der Natur. Ich fühle mich frei und leicht, ohne irgendwelche Fesseln.

Ich erhebe mich und werde ausgekleidet wie eine Puppe. Ich lasse es geschehen und fühle mich wie im siebten Himmel. All das ist noch angenehmer, als ich es mir jemals vorgestellt hatte. Es ist eines der wenigen Male in meinem Leben, dass man mich umhegt, und ich genieße es, endlich einmal geleitet zu werden. Mit schnellen, gekonnten Griffen, die von ihrem langen Aufenthalt im Kloster zeugen, legt Ani Aga mir mein Gewand an. Es handelt sich um eine Art weiten Schlauch, der gewickelt wird, damit die Falten hinten perfekt fallen, ein bisschen wie ein Umschlag. Sie legt die einzelnen Bänder schnell mehrmals um mich, und schon bin ich eingeschnürt, ohne wirklich verstanden zu haben wie.

»Kommt schnell, wir wollen dem Meister die neue Ani vorstellen.«

Es sind wohl kaum mehr als dreißig Minuten vergangen, seit ich den Saal im oberen Stock verlassen habe. Doch für mich ist inzwischen ein früheres Leben zu Ende gegangen, und ein neues hat begonnen. Eine Wiedergeburt. So als wenn aus einer Raupe ein Schmetterling entsteht: Ich habe mich meiner alten Lumpen entledigt und bin in eine neue Haut geschlüpft. Die, die eine halbe Stunde später vor ihren Meister, ihren Onkel und ihren Vater tritt, heißt nicht mehr Pomo. Mein Vater versteht es, sobald ich den Raum betrete. Er starrt mich aus großen Augen, aber voller Respekt an. Während ich auf meinen Meister zugehe, sind alle Blicke auf mich gerichtet, und das ist mir ein großes Vergnügen: Ich trete in eine neue Welt.

Mein Meister bedenkt mich mit einem liebevollen Blick und sagt: »Willkommen, Ani Choying!« Dann wendet er sich an meinen Vater:

»Sie können sicher sein, dass wir uns um sie kümmern werden, es wird ihr gut gehen. Sie können ruhigen Herzens gehen …«

Mein Vater fasst das als Aufforderung auf, uns zu verlassen. Es wird Abend. Er erhebt sich und klopft leicht verunsichert seinen Anzug ab, der das gar nicht nötig hat. Alles ist gesagt.

»Pomo … Ähm, Choying, ich gehe dann.«

»Ja, gut. Auf Wiedersehen.«

Und von Ani Anga gefolgt verlässt er den Raum. Was könnte ich noch hinzufügen? Im Grunde meines Herzens bin ich froh, dass er mich allein lässt. Ich sehe, wie sich sein breiter Rücken entfernt. Er überragt meinen Onkel um zwei Haupteslängen, doch in diesem Augenblick wirkt er mit seinem gebeugten Rücken und dem gesenkten Kopf wirklich klein.

Ani Tara zieht mich schon mit.

»Komm, ich zeige dir dein Zimmer. Es ist nicht weit von meinem entfernt.«

Die Kammer, die man mir zuweist, ist winzig.

Sie liegt genau über der Küche, wo wir angekommen sind – nur ein paar Stufen höher, fast wie ein Zwischengeschoss. Sie gefällt mir sofort. Ich finde, sie entspricht meiner Größe; die Tür ist kaum höher als das Fenster. Vor allem aber liegt sie im Zentrum des Klosters, neben dem Holzlager und in unmittelbarer Nähe des Kamins, wo die Nonnen ihre Mahlzeiten einnehmen und miteinander plaudern. Abseits zu wohnen, hätte mir nicht gefallen.

Dann geht alles sehr schnell, wir essen zu Abend, unterhalten uns etwas, und plötzlich leert sich die Küche. Jeder sucht sein Zimmer auf. Ehe Ani Tara geht, hilft sie mir, meinen Koffer hinaufzutragen, und verabschiedet sich. Sie hat mir versprochen, noch einmal bei mir vorbeizuschauen, und so warte ich. Aber sie hält ihr Wort nicht. Lange gedulde ich mich, bis ich mich traue, meine wenigen Habseligkeiten auszupacken, vor allem Schulbücher, Fotos großer spiritueller Meister und einige rote, orange und braune Kleidungsstücke, die ich kurz vor meinem Aufbruch mit meinen Eltern im Supermarkt von Bodnath gekauft habe.

Ich fühle mich einsam an diesem unbekannten Ort. Plötzlich erscheint mir die Luft dichter als anderswo. In meinen dreizehn Lebensjahren war ich nie wirklich allein. Jede Nacht habe ich mit meinen Eltern und meinen Brüdern verbracht, alle zusammen im selben Raum. Ich habe Angst. Außer unserem Haus mit seinen nebeneinander aufgereihten Betten kenne ich nichts. Vor allem ist mir die Stille fremd: Bisher waren meine Nächte von vertrauten Geräuschen erfüllt, die wie ein Wiegenlied auf mich wirkten – der Lärm der Stadt, die Atemzüge meiner Brüder, das Schnarchen meines Vaters. In diesem kleinen Zimmer, wo mir alles unbekannt ist, fühle ich mich verloren. Mein Herz schlägt so heftig wie das eines gehetzten Tieres. Ich habe den Eindruck, dass mir, wenn ich mich bewege, etwas an den Hals springen würde. Vorsichtig weiche ich bis zur Wand zurück, lasse mich dann zu Boden gleiten und bleibe so hocken. Die Arme um die Knie geschlungen, warte ich. Im Stockwerk unter mir höre ich Gelächter. Schritte. Eine Tür fällt ins Schloss. Ich sehe mich in meiner Kammer um. Ich muss mich beherrschen, brauche keine Angst zu haben, denn hier gibt es nur Nonnen. Ich habe einen Ort hinter mir gelassen, der sicher so manchen entsetzen würde. Der, an dem ich angekommen bin, ist hingegen ein Hafen des Friedens. Alles wird gut werden, da bin ich ganz sicher. Im Dämmerlicht erkenne ich das Bett, das Regal. Nichts anderes. »Dein Zimmer«, hat Ani Tara gesagt. Hier werde ich zu Hause sein. Zum ersten Mal in meinem Leben wird mir, im Alter von dreizehn Jahren, ein Ort für mich allein angeboten. Mit einem tiefen Seufzer stoße ich die Luft aus, die ich zurückgehalten habe. Ich kann atmen. Ich schleiche zu meinem Lager und schlage die Decke auf. Sie fühlt sich weich an. Ich lächle. Heute fängt das Leben an.

WIEDERGEBURT

In dieser Nacht habe ich fast kein Auge zugetan. Zu viele Emotionen, zu viel Stille. Doch morgens gegen sechs Uhr, als von der Küche her lautes Topfgeklapper zu hören ist, schrecke ich aus einem watteartigen Koma auf. Mein Blick wandert durch das Zimmer, und für den Bruchteil einer Sekunde frage ich mich, wo ich eigentlich bin. Da hämmert jemand an meine Tür, und der kleine Kopf von Ani Tara schiebt sich durch den Spalt.

»Du musst dich beeilen. Was machst du bloß? Bist du noch nicht fertig?«

Ohne recht zu wissen, was sie meint, springe ich aus dem Bett und will mein neues Gewand anziehen. Ich schlüpfe in den langen Schlauch und versuche ungeschickt, die vorderen Bahnen zu wickeln. Wie hatte ich doch von dem Tag geträumt, da ich es für immer tragen würde! Und wie mystisch hatte ich mir das Ritual für meinen Übergang zum religiösen Leben vorgestellt … Stattdessen, und ohne nachzudenken, binde ich sie möglichst schnell um meine Taille wie ein ordinäres Laken.

»Aber wie bist du denn angezogen! Komm her …«

Mit ihrer geschulten Hand wickelt mich Ani Tara ein, geht vor mir, hinter mir her, dreht mich herum, passt die Stoffbahnen an und zieht sie vorne zurecht. Ich bin fertig. Es wird mehrere Wochen dauern, bis ich mir diese Technik selbst angeeignet habe.

»Nun, komm schon! Heute ist ein ganz besonderer Tag, es gibt eine große rituelle Zeremonie.«

Überall geschäftiges Treiben an diesem Morgen … Die Feste hier werden anhand des Mondkalenders organisiert. Sie finden fünfmal im Monat statt, am 8., 10. und 15. – um den Vollmond herum – sowie am 25. und 30. – zum Neumond hin. Ich kann es kaum erwarten, endlich auch daran teilzunehmen. Als ich auf den Vorplatz trete, präsentiert sich mir ein rot- und ockerfarbenes Ballett, bei dem die Nonnen in alle Richtungen ausströmen. Sie bewegen sich eiligen Schrittes, lachen und erzählen sich Geschichten, von denen ich im Vorbeigehen nur Wortfetzen aufschnappe. Ani Tara ist verschwunden, ich weiß nicht wohin, habe wohl einen Augenblick nicht aufgepasst. Ich beschließe, mir meine eigene Führung zu organisieren. Ich verbringe den Morgen mit dem Inspizieren der Örtlichkeiten – die Küche, wo die Nonnen *Momos* und Reis mit Gemüse kochen, den Gebetssaal, wo frische Blumen arrangiert und Kissen am Boden verteilt werden, die Flure in den oberen Etagen, wo ich durch die halbgeöffneten Türen in die Zimmer meiner Mitschwestern schiele. Alle sind beschäftigt, und ich bin hier völlig überflüssig. Mehrmals stehe ich einer von ihnen im Wege. Dann werde ich sanft zur Seite geschoben wie ein kleiner lästiger Hund, den man nicht davonjagen will. Allem Anschein nach bin ich die Jüngste hier. Den Ordensschwestern scheint ihre Tätigkeit viel Freude zu machen, und außer mir kennt jeder genau seine Rolle.

Gegen Mittag finde ich mich im Ruheraum wieder, in dem man sich für gewöhnlich um diese Zeit versammelt. Leicht erschöpft von all meinen Erkundungen lasse ich mich in einem der Sessel nieder. Ich bemerke nicht gleich, dass ich fast allein im Raum bin. Plötzlich ertönt ein lauter Gong. Er kommt aus dem Gebetssaal. Mehrere dumpfe Schläge nacheinander. Eine ältere Nonne, die sich zum Gehen gewandt hat, betrachtet mich von der Türschwelle aus. Sie dreht sich halb zu mir um und sagt mitfühlend:

»Komm, bleib nicht hier. Komm mit mir, es geht gleich los.«

Ohne Fragen zu stellen, eile ich ihr nach, die Stufen hinab, quer über den Hof, und trete in den Gebetssaal. Er ist voll besetzt. Rechts und links sind die etwa hundert Nonnen des Klosters versammelt, die meisten in Reihen am Boden sitzend. Andere stehen hinten an die Wand gelehnt. Der Raum ist erfüllt von halblautem Murmeln. Ich wundere mich, dass ich Tulku Urgyen Rinpoche nirgendwo sehe. Sicher wurde er anderswo aufgehalten. Was macht es schon aus! Nachdem ich mich, wie alle es tun, dreimal tief verneigt habe, gehe ich weiter in den Saal hinein: Ich möchte das Schauspiel so gut wie möglich sehen können. Ich entdecke einen leeren Sitzplatz in einer der allerersten Reihen. Mein Blick begegnet dem einer älteren Nonne, die mir ein freundliches Lächeln schenkt. Ich weiß noch nicht, dass sie den Gesangsunterricht leitet. Ohne nachzudenken, bahne ich mir einen Weg zu ihr vor und setze mich neben sie. Sie sieht mich an, und meine Begeisterung macht mich blind gegen das Befremden in ihren Augen. Ich nehme nur Güte darin wahr. Mehrere Gesichter drehen sich zu mir um, die Gespräche verstummen. Ich beschließe, möglichst natürlich das Wort an meine Nachbarin zu richten.

»Wie heißt du?«

»Ani Dharmasoba …«

»Macht es dir etwas aus, wenn ich mich neben dich setze?«

So liebenswert Ani Dharmasoba auch erscheint, sie antwortet nicht. Stattdessen wendet sie den Kopf ab, ist sichtlich verlegen, lächelt aber weiter. Ich kenne mich mit den Klostersitten nicht aus, und meine Erziehung hat mich nicht darauf vorbereitet, die Verbote zu erahnen, die sich bisweilen hinter dem Schweigen verbergen. Ich deute ihres als ein »Ja«. Irrtum! Ich spüre, dass mir jemand auf die Schulter klopft.

»He, du da! Mach, dass du fortkommst! Dein Platz ist nicht hier!«

Verdutzt drehe ich mich um. Eine Nonne mit sonderbar strengen Zügen starrt mich an. Sie ist nicht wirklich hässlich, sieht aber so bösartig aus, dass sie mir auf Anhieb unsympathisch ist. Mit harter Stimme fährt sie fort:

»Du kannst dich nicht hierhin setzen. Der Platz ist für die Älteren reserviert … Geh!«

Diese Frau muss das Alter meiner Mutter haben. Sie steht auf und packt mich am Arm, um mich aus meiner Reihe zu ziehen. Sie knurrt etwas, das ich nicht verstehe, und ohne nachzudenken, setze ich mich zur Wehr.

Sie blickt so überheblich drein, dass ich automatisch Lust habe, sie herauszufordern. Ich fühle mich bestens hier. Sie zerrt noch heftiger. Unser stiller Zirkus lenkt alle Blicke auf uns. Mehrere Nonnen kichern hinter vorgehaltener Hand, die meisten sehen mich vorwurfsvoll an.

»Such dir einen Platz weiter hinten, meine Kleine. Du siehst von dort aus genauso gut, versprochen ...«

Ani Dharmasoba hat das Wort ergriffen. Ich gehorche ihr, weil ich spüre, dass sie mir wohlgesinnt ist. Ich muss etwas falsch gemacht haben. Mein Platz ist bei den Jungen und Armen, hinter allen anderen, an der Wand. Die »Böse«, wie ich sie fortan nennen werde, setzt sich zufrieden wieder hin. Sie wird mich für diesen öffentlichen Affront lange bezahlen lassen. Ich verfluche sie im Innern, als mich eine kleine Hand am Ärmel zieht. Ein Blick genügt, und ich weiß, dass ich eine Freundin gefunden habe. Diese Nonne scheint noch sehr jung zu sein, dieselbe Größe, nur etwas pummeliger. Ani Dikhi lebt seit Jahren hier. Ihre Mutter ist auch Nonne – sie hat Dikhi in einem früheren Leben bekommen, ehe sie sich von ihrem Mann hat scheiden lassen und Ordensschwester geworden ist. Sie zwinkert mir verschwörerisch zu und rät mir zu schweigen, indem sie den Zeigefinger auf die Lippen legt: Die Zeremonie wird jeden Augenblick beginnen.

Zwei Stunden lang sagen die Nonnen Mantras her, tragen heilige Gesänge vor, rhythmisch begleitet von Trompeten, Becken, Glocken und allen möglichen traditionellen religiösen Instrumenten, die ich noch nicht kenne. Ich bin bewegt, ja, fasziniert von dieser andächtigen Stimmung, betört von diesem Duft nach Weihrauch, der den ganzen

Saal erfüllt, und gleichzeitig von den Stimmen der Nonnen. Das hindert mich allerdings nicht daran, alle Anwesenden zu mustern, neugierig überlegend, wer wohl meine Freundin sein wird und vor wem ich mich in Acht nehmen muss, wer mich zum Lachen bringen wird und wer mit mir spielen möchte.

Als die Zeremonie beendet ist, kehrt jeder in seine Kammer zurück. Ich sehe Dikhi, die sich entfernt. Sie blickt mich an, während sie mit einer anderen Nonne plaudert, und ich möchte schwören, dass sie etwas Schlechtes über mich sagen. Dies ist mein erster Auftritt, und ich bin nicht nur gleich aufgefallen, sondern habe mir obendrein auch noch die Feindschaft einer der einflussreichsten Nonnen des Klosters zugezogen. Doch die Aussicht, ein paar Dämonen besiegen zu müssen, macht mir keine Angst: Nichts und niemand wird meine Freude darüber, hier in Nagi Gompa zu sein, verderben können.

Keine Küche, kein Haushalt, keine Wäsche, keine Schläge, keine kleinen Brüder auf meinem schmerzenden Rücken. Nach zwei Monaten fühle ich mich so wohl, als hätte ich immer hier gelebt. Dikhi hat mir alle Regeln erklärt, alle Verhaltensweisen der Einzelnen, und mir die Fehler genannt, die unbedingt zu vermeiden sind. Und ich vermag endlich, an mein Glück zu glauben. Ich gehöre zum engen Kreis von Tulku Urgyen Rinpoche: Ich bin eine der fünf Nonnen, die in seinen Diensten stehen. Was diese Dienste betrifft, so tue ich rein gar nichts. Ich wache von selbst auf, spaziere überall im Kloster herum und plaudere mit denen, die gerade Zeit und Lust haben. Ich esse, sehe den Wolken nach, die am herbstlichen Himmel vorüberziehen, und habe irgendwie den Eindruck, eine Gefangene auf Hafturlaub zu sein. In meiner Entwicklung habe ich erhebliche Rückschritte gemacht, seitdem ich im Kloster bin. Obwohl ich dreizehn Jahre alt bin und durchaus schon einem Ehemann versprochen sein könnte, benehme ich mich wie ein unbekümmertes kleines Mädchen.

Es kommt mir derart sonderbar vor, so glücklich zu sein, dass ich jeden Augenblick darauf gefasst bin, dieses Glückes beraubt und wieder in jenen tristen Alltag zurückgeschickt zu werden, aus dem ich gekommen bin. Oft denke ich an meine Mutter und frage mich, wie sie wohl ohne mich zurechtkommen mag. Ich würde gerne mit ihr sprechen, doch meine Eltern haben kein Telefon, und ich erhalte keine Nachricht von ihnen. Ich vermag meine Sorge nicht zu vertreiben, vor allem nachts nicht, und so finde ich oft keinen Schlaf.

Doch ich konnte Ani Tara überreden, manchmal an meiner Seite zu schlafen. Ich bin immer noch nicht an die nächtliche Einsamkeit gewöhnt – und die macht mir hier am meisten zu schaffen. Ani Tara ist fünfundzwanzig Jahre alt, und ich spüre genau, dass sie die Aussicht, ihr Bett mit einem Mädchen zu teilen, wenig begeistert: Sie ist ihre Privatsphäre gewöhnt. Sie hat kein Problem damit, allein zu schlafen. Ich wage gar nicht, darüber zu sprechen, aus Angst, man könnte sich über mich lustig machen oder mich albern finden. Mein Meister erahnt es, als ich mir einmal im Gebetssaal die Augen reibe. Ich könnte mir vorstellen, dass er mit Ani Tara darüber geredet hat, denn eines Abends, bevor alle schlafen gehen, ruft sie mich.

»Choying, komm mal her! Heute Abend kannst du bei

mir bleiben, bring deine Decke mit. Doch eins ist klar: Dies ist eine Ausnahme. Du musst lernen, allein zu schlafen, du bist jetzt groß genug.«

Ich mache mich so klein wie eben möglich und rühre mich die ganze Nacht kaum, vor lauter Angst, sie zu stören. Wir schließen eine Vereinbarung: Ich muss versuchen, in meinem Zimmer einzuschlafen, und darf dafür die Kerzen brennen lassen. Mehrmals nehme ich, während ich vor mich hin dämmere, die Gestalt meiner Nachbarin wahr, die die Kerzen ausbläst und dann in ihr eigenes Bett zurückkehrt. Das funktioniert recht gut. Und dennoch kommt es oft vor, dass ich mich wie ein Jäger geräuschlos, Schritt für Schritt, aus meiner Kammer schleiche und in dem winzigen freien Eckchen auf ihrem Nachtlager zusammenrolle. Am nächsten Morgen schimpft sie der Form halber etwas mit mir. Ich weiß, dass sie meine kindlichen Ängste berühren. Irgendwann werde ich mich an die Einsamkeit gewöhnen.

Die Angst, allein einschlafen zu müssen, ist nichts gegen die, heimgeschickt zu werden. Ich vermag mich nicht davon zu überzeugen, dass mir diese neue Ruhe nicht genommen werden wird. Und wenn nun jemand plötzlich beschließen sollte, dass die Ferien schon lang genug gedauert haben und ich nach Kathmandu hinunter muss? Also nutze ich einstweilen alles aus, so gut es geht. Was ich erlebt habe, kann mir niemand mehr nehmen. Doch ich spüre weiter eine Drohung im Nacken, ein Damoklesschwert über mir, von dem ich nicht weiß, ob es real oder nur eingebildet ist. Eines Morgens, als ich aus der Küche komme, treffe ich auf die »Böse«. Ich starre auf meine Fußspitzen. Normalerweise vermeidet sie es, das Wort an mich zu richten.

»Geh zu unserem Meister. Er erwartet dich, er will dich sprechen.«

Von einer unguten Vorahnung gepackt, eile ich die Stufen des Gebäudes hinauf, das er bewohnt. Unser Meister verbringt einen Großteil seiner Zeit in seiner winzigen Kammer von weniger als vier Quadratmetern. Dort meditiert er stundenlang, allein oder in Begleitung von Schülern oder auch von ausländischen Besuchern, die von ihm lernen wollen. Mit seinen fünfundsechzig Jahren strahlt Tulku Urgyen Rinpoche buchstäblich vor Güte. Er ist ein großer Meister der Meditation, der über eine seltene Weisheit und unermessliches Wissen verfügt, ein wirklich Erleuchteter mit einem unerschütterlichen Lächeln. Deshalb steigen die Leute ins Flugzeug und umrunden den halben Erdball, um seine Lehren und seinen Segen zu empfangen, um ihn zu sehen, ihm zuzuhören. Dabei gibt er sich immer so schlicht, als sei er ein Niemand, nur der Hüter der Örtlichkeiten, und als sei es ihm völlig unverständlich, dass all die Menschen aus dem Westen – so groß, so weiß, so makellos – ausgerechnet ihn verehren. Er ist der bescheidenste Mensch, den ich kenne. Oft spüre ich den Blick meines Meisters auf mir. Ich könnte schwören, dass ich ihn belustige. Hinter seiner feinen Brille erahne ich ein Aufblitzen in seinen Pupillen.

Ohne anzuklopfen, trete ich ein, nachdem ich meine Schuhe ausgezogen habe. Er sitzt auf seinem Lager, allein, die Augen geschlossen, und meditiert. Seine Lippen bewegen sich sanft, ohne dass man seine Worte verstehen könnte. Den Kopf gesenkt, lasse ich mich vor seinen Füßen nieder. Kniend versuche ich, mich zu konzentrieren. Ich fürchte, er wird mir sagen, mein Vater verlange, dass ich nach Hause zurückkomme. Lieber werde ich fliehen. Möglicherweise hat ihm aber auch jemand von meinem neuen Freund erzählt. Vor zwei Tagen ging ein Dorfbewohner, der uns bei den Arbeiten im Haus hilft, im Wald Holz holen. Als er bei seiner Rückkehr in der Küche Tee trank, hörte ich ihn erzählen, dass er im Unterholz auf einen verlassenen Frischling gestoßen sei. Sofort schoss mir ein verrückter Wunsch durch den Kopf: Ich wollte dieses kleine Tier haben. Es würde mir Gesellschaft leisten. Am nächsten Tag konnte ich Dikhi überreden, mich zu begleiten. Nach etwa einer halben Stunde fanden wir ihn, ängstlich im Wurzelwerk eines Baumes versteckt. Ich wickelte ihn in einen Schal, den ich zu diesem Zweck mitgenommen hatte, und er wehrte sich kaum. Das kleine Tier in den Falten meines Gewandes verborgen, erreichte ich meine Kammer, so als sei nichts gewesen. Natürlich wurde mein Geheimnis bald aufgedeckt, und innerhalb weniger Stunden wussten alle von meiner Missetat, zunächst unser Faktotum, das mich heftig schalt.

»Ja, bist du denn verrückt geworden? Du kannst dafür ins Gefängnis kommen! Das ist ein Verbrechen, das dich fünfzehn Jahre hinter Gitter bringen kann.«

Ich weiß nicht, ob das stimmt oder ob er mir nur einen Schreck einjagen wollte. Wenn das sein Ziel war, so ist es ihm gelungen. Ich habe ihm meinen kleinen Frischling gegeben, damit er ihn wieder in der Natur aussetzt.

Daran denke ich jetzt zitternd im Gebetszimmer meines

Meisters. Er wird mich bestrafen, das ist sicher. Die »Böse« wird sich ein Vergnügen daraus gemacht haben, ihm von meiner Dummheit zu berichten. Entmutigt warte ich auf den Richterspruch.

»Du meditierst, Choying, nicht wahr?«

»Natürlich, Meister …«

Ich habe genug vom Meditieren! Ich will nach draußen, will spielen, mit den Hunden herumtollen, den Vögeln am Himmel nachschauen. Ich kann nicht immer stillsitzen. Erneut herrscht Schweigen. Aber was will er bloß von mir?

»Mehrere Nonnen haben sich über dich beschwert. Hörst du, Choying?«

»Es tut mir leid, Meister, dass ich Ihre kostbaren Gedanken mit meinem Verhalten verunreinige …«

»Sie sagen, du lässt es an Demut fehlen, du seiest stolz und manchmal anmaßend. Ich möchte, dass du ihnen mehr Respekt zeigst, sie verdienen es. Was hast du darauf zu antworten?«

»Ich werde mein Bestes tun, um sie nicht mehr zu kränken.«

»Stimmt es, dass du ein Tier gefangen hast?«

»Ja …«

»Du bist jetzt eine Nonne, mein Kind. Das verlangt ein gewisses Verhalten. Du musst ein Beispiel geben. Wie konntest du nur so handeln? Das Tier hätte verhungern und sterben können, weißt du? Ein Baby braucht seine Mutter. Ich erwarte mehr Güte von dir.«

Also kann man ein wildes Tier nicht von seiner Mutter trennen? Und ich? Hat jemand an meinen Schmerz darüber gedacht, weit von meiner Mutter entfernt zu sein? Aber ich schweige. Weil er natürlich recht hat.

»Sie finden auch, dass du bevorzugt behandelt wirst: Das stimmt.«

»Es ist nicht meine Schuld, wenn sie böse und neidisch auf mich sind. Ich kann nichts dafür!«

»Sag so etwas nicht, meine Kleine. Du verbringst deine Tage tatsächlich mit Lesen und Spielen, während die anderen arbeiten. Das ist wunderbar, und ich wollte es so. Du hast auch ein Recht auf eine Kindheit, Choying, ja, du hast ein Recht darauf, und ich weiß, dass sie dir vorenthalten wurde.«

Meine Kindheit? Wovon redet er bloß? Was weiß er? Wer hat es ihm gesagt? Ich habe ihm niemals etwas von meinem früheren Leben erzählt. Er lässt mich also ganz bewusst in Ruhe … Und ich dachte immer, ich wäre bislang seiner Wachsamkeit entgangen.

»Ich bin glücklich zu sehen, dass du dein neues Leben auskostest, sehr glücklich sogar. Das soll noch lange so bleiben. Doch gerechtigkeitshalber, um die anderen Nonnen nicht zu erzürnen, teile ich auch dir eine Arbeit zu. Du wirst für die Pflege des Altars verantwortlich sein.«

Da bin ich aber gut weggekommen. Den Altar zu säubern, wird mich nicht Stunden kosten und mich nicht davon abhalten zu tun, wonach mir der Sinn steht. Ich muss das Wasser austauschen, eventuell auch die Blumen, und das Ganze entstauben. Nichts Schlimmes. Ich bin äußerst faul geworden, so als hätten alle bisher in meinem Leben erledigten Hausarbeiten meine Kraft erschöpft. Jetzt, da ich fast keine Pflichten mehr habe, kann ich keinerlei

Zwang mehr ertragen. Ich verspüre ein nervöses Zucken in meiner rechten Wange, das ich nicht zu unterdrücken vermag. Mein Meister, der alles sieht, bemerkt es. Er legt ganz sanft die Hand auf meinen Kopf. Nachdem er einige Sekunden seine warme Hand auf meinem Schädel hat ruhen lassen, ergreift er das Wort.

»Beruhige dich, Choying, beruhige dich … Du hast viel Energie, das ist sehr gut, aber du musst auch lernen, sie in dir zu behalten. Selbst beim Lesen preschst du vor, du verschlingst die Worte, und du sprichst deine Sätze nicht zu Ende! Jede Sache verdient es, im angemessenen Rhythmus ausgeführt zu werden. Wenn ich mit dir rede, bin ich ganz bei dir. Und ich werde es sein, bis wir uns alles gesagt haben, was wir uns heute sagen müssen. Verstehst du?«

Wie kann ich ihm nur erklären, welches Feuer in mir lodert und mich drängt, rasch und von allem zu profitieren? Ich schweige und sehe ihn zerknirscht an.

»Ich weiß, was du denkst. Du glaubst, man will dich heimschicken. Das wird niemals geschehen, ich verspreche es dir. Schau mich an: Du gehörst jetzt zu Nagi Gompa. Du bist hier zu Hause. Dieses Kloster ist dein Heim. Du gehörst zu uns. Wir lieben dich. Nimm dir jetzt Zeit, zur Ruhe zu kommen. Meine Tür steht dir immer offen. Selbst wenn ich Gäste habe, egal was ich tue; wenn du mich brauchst, bin ich da. Immer.«

Meine Kehle ist zusammengeschnürt, als wäre ein Turban ganz eng darum gewickelt. Ich bin außerstande, ein Wort herauszubringen. Niemand hat mir bisher gesagt, dass er mich liebt. Meine Mutter liebt mich, das weiß ich, aber sie sagt es nicht. Das ist ebenso selbstverständlich wie die Sonne, die wärmt, und das Wasser, das kühlt. Vor drei Monaten noch existierte ich nicht für diesen Mann, und heute öffnet er mir sein Haus und sein Herz. Er schenkt mir sein Vertrauen. Dieser Weise, der in der ganzen Welt verehrt wird, interessiert sich für mich, schätzt mich, ist bereit, mir Zeit zu opfern. Ich bin der glücklichste Mensch auf Erden. Ich habe den Eindruck, man nimmt mir eine schrecklich schwere Last von der Seele.

Zur Ruhe kommen, ja. So unglaublich es mir vorkommt, hat es doch den Anschein, als würde mein Glück von Dauer sein.

HÄTSCHELKIND

Es ist mir furchtbar peinlich zu sagen, doch ich dachte zunächst, ich hätte einen Blutegel im Schlüpfer. Im Juli während der Ernte regnet es täglich und wimmelt deshalb von schleimigen bräunlichen Egeln. Sie machen mir keine Angst, aber unangenehm und ziemlich eklig sind sie halt. Sie mögen kein Salz, deshalb besprühen wir unsere Beine und Fußknöchel mit Salzwasser, bevor wir in den Wald gehen. Ich war draußen, um Eier zu holen, als ich etwas meine Schenkel hinunterlaufen spürte. Das fühlte sich anders an als Urin. Es rann ganz langsam aus mir heraus. Ich verstand nicht, was an dieser Stelle so feucht sein konnte. Trotzdem lief ich die Stufen weiter hinab, klopfte bei dem Wärter, der sich um die Vorräte kümmert, und ging wieder hinauf. Leicht beunruhigt war ich schon. Im Kloster sprechen wir nie über Dinge, die mit unserem Körper zu tun haben, nicht einmal unter Freundinnen. Diese Themen sind wirklich äußerst peinlich.

Mir bleiben noch zwanzig Minuten, bis ich die Frau meines Meisters aufsuchen muss, die mich zu sich gebeten hat. Mein Meister ist kein Mönch, er ist verheiratet und hat sechs Söhne, die, wie er, hoch angesehene Persönlichkeiten, das heißt reinkarnierte Lamas, sind. Ich eile in mein Zimmer, streife meine Sandalen von den Füßen, hebe meinen Rock hoch, ziehe den Schlüpfer herunter. Ich bin voller Blut! Mit gespreizten Beinen stehe ich da, die Kleider unter die Achseln geklemmt, und weiß nicht, was ich tun soll. Mehrere Sekunden verharre ich so, verblüfft und erschrocken. Ich suche nach einer Erklärung. Und ich finde eine. In Nagi Gompa haben wir keine richtigen Toiletten. Für die großen Geschäfte gibt es einen Ort, etwas abseits, weiter unten. Aber für die kleinen ist uns der Weg zu weit, und wir brechen alle zusammen auf, um uns auf den Feldern gleich hinter dem Kloster zu erleichtern. Bei der Gelegenheit muss am Morgen, als ich im feuchten Gras hockte, unbemerkt ein Blutegel in mich hineingeschlüpft sein. Ein ekelhafter Gedanke, bei dem ich erschauere. In dem Augenblick, als ich mich wieder anziehe, tritt meine Cousine, Yeshi Lhamo, ein Vorbild an Sanftheit, in meine Kammer. Normalerweise lebt sie nicht bei uns. Sie ist nur vorübergehend hier im Kloster, um an bedeutenden Zeremonien und Seminaren teilzunehmen, zu denen auch mehrere große reinkarnierte Meister kommen. Seit drei Monaten ist sie schon da und teilt mein Zimmer mit mir. Sie ist zwanzig Jahre alt, und wir mögen uns sehr. Sie urteilt über niemanden, ist für alle da – die Güte in Person.

»Ich brauche deine Hilfe. Irgendwo hab ich einen Egel, der mein Blut saugt.«

»Wie, was? Irgendwo? Wo denn? Beruhige dich erst mal. Ich weiß gar nicht, wovon du sprichst.«

»Irgendwo, du weißt schon …«

Ich deute mit dem Zeigefinger auf die Stelle. Ungläubig wandert ihr Blick von meinen Augen zu meinem Bauch und von meinem Bauch zu meinen Augen zurück.

»Du machst Scherze?«

»Sehe ich aus, als wäre mir zum Lachen zumute?«

»Zeig mir …«

Sie beißt sich auf die Lippen, presst die Faust vor den Mund. Ich hebe meinen Rock und zeige ihr den rot befleckten Schlüpfer. Sie bricht in ein Lachen aus, wie ich es noch nie von ihr gehört habe, ein schallendes Lachen, das wie ein Schrei beginnt. Sie lässt sich auf ihr Bett fallen, wirft den Kopf in den Nacken, stützt sich auf die Ellenbogen und hält sich den Bauch. Es ist das erste Mal, dass ich sie so lachen sehe, und ich hasse sie augenblicklich dafür. Meine Cousine ist ein Dummkopf; ich hätte mich ihr niemals anvertrauen dürfen. Ich bin so wütend, dass ich schon gehen will. Sie versucht zu sprechen, aber es kommt nur ein Gurgeln aus ihrem Mund. Soll sie doch ersticken!

Kurz darauf wühlt sie in ihren Sachen und zieht ein schwarzes Stück Stoff heraus, das sie mir reicht.

»Choying, mein Liebes, was dir da passiert, ist ganz normal. Und das wird ab jetzt jeden Monat so sein. Das ist nicht schlimm. Nimm das als Binde, such dir ein anderes Stück Stoff, wechsle es täglich und fertig … Du bist ab jetzt eine Frau.«

Sie lächelt mich an, und ich erwidere ihr Lächeln. Ich habe schon mal etwas von der Monatsblutung gehört, doch in Wirklichkeit wusste ich nicht, was das bedeutet. Meine Mutter hat mir nichts gesagt. Einmal hat eine Cousine es erwähnt. Wir sind sehr schamhaft, und jede behält die Details, die mit ihrem Körper zu tun haben, für sich. Bevor ich meine Mutter gebären sah, war ich der festen Überzeugung gewesen, Kinder kämen über den Bauchnabel auf die Welt. Das brachte mir sogar eine Prügelei auf dem Schulhof ein mit einem Jungen, der behauptete, die Babys kämen weiter unten heraus und meine Mutter sei eine Lügnerin … Ich, die ich sonst so wenig reserviert bin, habe immer eine große Scheu empfunden, solche Themen anzusprechen. Was gibt es da zu sagen? Der Körper existiert, das ist alles.

Ich bin erschöpft. Mir behagt diese Sache nicht. Außerdem erwartet mich Kunsang Dechen, die Frau meines Meisters. Sie will mit mir sprechen; ich weiß nicht worüber. Als ich am Morgen rennend die Küche verließ, hat sie mich gerufen.

»Sag mal, Choying, wirst du von jemandem verfolgt?«

»Ähm, nein …«

Ich blieb stehen wie eine Statue, ein *Chapati* – ein Fladenbrot – in der Hand. Mist! Eine Sekunde später und ich wäre schon im Treppenhaus gewesen.

»Ich glaube, seitdem du hier bist, habe ich dich noch kein Mal länger als zehn Minuten am selben Platz gesehen. Du saust herum wie eine Sternschnuppe.«

»Wie ein ausgehungerter Hund, dem man einen Napf mit heißen Linsen gibt und der alles herunterschlingt, auch wenn er Bauchweh davon bekommt. Sie macht alles schnell. Und oft auch schlecht.«

Niemand ist auf den letzten Satz der »Bösen« eingegangen. Die Nonnen haben aufgehört zu reden und beobachten mich lächelnd. Sie lässt aber auch keine Gelegenheit aus, diese Hexe …

Doch ihre Gehässigkeiten perlen von mir ab. Ich habe gelernt, ihr keine Beachtung mehr zu schenken. Und letztlich hat die »Böse« ja recht. Ich bin tatsächlich ausgehungert, ausgehungert – nach Leben und nach Zuneigung, nach dem, was ich zu lange vermisst habe.

»Komm später zu mir, wenn wir fertig gegessen haben. Jetzt kannst du gehen. Aber sei gegen vierzehn Uhr bei mir.«

Das passt mir überhaupt nicht, aber ich muss gehorchen. Ich hatte eigentlich vor, den Nachmittag mit den amerikanischen Gästen zu verbringen, zwei Ehepaaren, die am Vortag eingetroffen sind. Jede Woche kommen Ausländer aus allen Teilen der Welt: Ich habe schon welche aus Deutschland und aus Singapur kennengelernt. Sie lächeln immer und vermitteln den Eindruck, die erhebendsten Stunden ihres Lebens bei uns zu verbringen. Sie finden alles außergewöhnlich hier in Nagi Gompa. Das ist schon mal etwas, das wir gemeinsam haben. Es macht mir Spaß, mich um sie zu kümmern, ihnen die Örtlichkeiten zu zeigen. Weil sie mir immer eine kleine Gabe überreichen. Oder ein Mitbringsel – wie Otto, ein Deutscher, der mir zwei außergewöhnliche Geschenke gemacht hat: ein Parfumpröbchen und vor allem ein kleines Reiseetui, das in den Flugzeugen verteilt wird, mit einer niedlichen winzigen Zahnbürste drin. Aber ich mag die ausländischen Gäste auch aus anderen Gründen: Im Umgang mit ihnen kann ich mein Englisch anwenden. Ich bin mächtig stolz darauf, die einzige Nonne im Kloster zu sein, die etwas

Englisch spricht. Auf der Schule habe ich ein paar Brocken Englisch gelernt: »thank you«, »hello«, »bread«. Anfangs stammelte ich nur ein paar Wörter, aber dank der Übung kann ich fast so etwas wie ein Gespräch führen. Mit einem Lächeln oder kleinen Albernheiten nehme ich sie für mich ein und erreiche immer, dass sie etwas Zeit mit mir verbringen und mir bei den Lektionen aus meinem Englischbuch helfen. Ich will mich verbessern.

Um vierzehn Uhr klopfe ich also an die Tür von Kunsang Dechen. Sie sitzt, wie immer, in der traditionellen tibetischen Kleidung auf ihrem Lager. Die Frau meines Meisters ist eine große Schönheit und stets tadellos gekleidet. Deshalb und auch aus anderen Gründen bewundere ich sie sehr. Ich bin eine der Jüngsten im Kloster, und ich weiß, dass sie mich sehr mag. Vor ihr steht ein Teller mit *Momos*. Die bekomme ich nur selten zu essen, denn sie sind für Zeremonien und besondere Anlässe reserviert.

»Bedien dich, sie sind für dich. Die Köchin hat sie für die englischen Gäste von gestern bereitet, und ich habe dir zwei aufgehoben, weil ich weiß, dass sie dir so gut schmecken.«

»Hätschelkind« nennen mich die anderen Nonnen scherzhaft. Sie sagen das ohne Bosheit, nur um mich zu necken, und ich nehme es ihnen nicht übel: Ich weiß, sie haben recht. Die meisten der Nonnen haben mich unter ihre Fittiche genommen, und ich bin das Maskottchen unseres Meisters und seiner Frau geworden. Ich habe deshalb kein schlechtes Gewissen, denn ich betrachte das als ausgleichende Gerechtigkeit – das habe ich nach all diesen harten Jahren wohl verdient. Von Tag zu Tag werde ich durch den Kontakt mit ihnen umgänglicher. Ihre Liebe macht mich weich, als wäre die Sanftheit ansteckend. Mein Meister hat die Wahrheit gesagt: Seine Tür steht mir immer offen. Je mehr Liebe mir geschenkt wird – und es ist viel –, desto mehr will ich. Jeder versteht das. Ich bin nicht die Erste, die hier, gierig nach Fürsorge, angekommen ist. Ich verbringe immer mehr Zeit an der Seite von Tulku Urgyen Rinpoche. Es kam schon vor, dass ich ihn abends gebeten habe, mir eine Geschichte zu erzählen, und er hat eingewilligt, wollte aber nicht, dass ich es weitersage.

»Die Besucher von gestern haben mir erzählt, dass du mit dem Englischen schon ganz gut zurechtkommst. Das freut mich …«

»Ja, sie haben mir Zeitschriften hiergelassen, und ich will versuchen, sie zu lesen. Ich fange gleich heut Abend damit an!«

»Du wirst größer. Du hast dich jetzt hier eingewöhnt. Das ist der richtige Moment, um einen Schritt weiter zu gehen. Ich weiß, du hast einen starken Willen und lernst bemerkenswert schnell. Doch wenn du dir etwas mehr Zeit nähmest, würdest du noch größere Fortschritte machen, glaube mir … Ich habe beobachtet, dass du die Rituale immer besser beherrschst, und möchte dir dazu gratulieren. Was hältst du davon, noch mehr an deiner Technik und deiner Stimme zu arbeiten?«

Ich muss dazu sagen, dass mein Meister und seine Frau nie behauptet haben, dass meine Stimme besonders schön sei. Das fand ich selbst übrigens auch nicht. Als Kind sang ich nie besser oder schlechter als die anderen Nonnen. Aber bei allem, was ich in Angriff nehme, versuche ich, mein Bestes zu geben, und ich muss gestehen, dass ich meistens gut bin, wenn ich mit etwas anfange. Das ist auch der Grund, weshalb mein Meister mir gerne etwas Neues beibringt: Ich bin eine ideale Schülerin. Daher profitiere ich viel von Tulku Urgyen Rinpoches immensem Wissen, während die anderen Nonnen sich eher gegenseitig unterrichten. Ich bin mir dieser Chance bewusst und antworte, ohne zu zögern:

»Natürlich, wenn Sie mir dieses Geschenk machen wollen. Ich lerne immer gern etwas dazu.«

Das stimmt. Ich war stets darauf bedacht, neue Fähigkeiten zu entwickeln. Schon als ich noch ganz klein war und meine Mutter mir zeigte, wie man Wäsche wäscht, hätte ich mich sträuben oder stöhnen können, aber nein, ich war ganz begierig, es zu lernen. Ich besitze nichts als mich selbst. Je mehr ich weiß und kann, desto besser komme ich zurecht. Es ist so, als hätte ich ein kleines Säckchen, das ich Tag für Tag mit Schlüsseln des Wissens fülle, die mir helfen werden, es zu etwas zu bringen. Das gibt mir das Gefühl, endlich etwas wert zu sein.

»Weißt du, ich glaube an dich, und du hast mein volles Vertrauen. Ich denke sogar, dass du etwas Besonderes hast. Du bist zweifelsohne begabt. Aber du musst noch lernen zu arbeiten, jetzt, da du kein Kind mehr bist …«

Und so bekomme ich Gesangsstunden. Schritt für Schritt lasse ich mich mehr darauf ein. Am Montag und Donnerstag habe ich Unterricht in spirituellem Gesang, aber auch in Kunstlied, und ich lerne, harmonisch die Hände zu bewegen und die Schalmei zu spielen, die hier *Gyaling* genannt wird. Die Kurse werden mir mal von meinem Meister, mal von seiner Frau erteilt. Alle beide haben sehr schöne Stimmen, aber jeder will mich auf seine Art unterweisen. Kunsang Dechen zeichnet sich durch die hohen Töne aus und intoniert eher nasal, während sich die Klangfülle der mächtigen Stimme des Rinpoche in den tiefen Lagen entfaltet. Natürlich sind sie nie einer Meinung. Sie streiten sich auf liebevolle Weise, glücklich über dieses gemeinsame Projekt. Ich will sie nicht enttäuschen und passe mich dem jeweiligen Stil meiner Lehrmeister an. So stärke ich meine Stimmbänder und finde zu meinem eigenen Stil, indem ich den der beiden vermische und übe, meine Stimmlage auf Wunsch anzupassen … Mit der Zeit prägen Hingabe und Konzentration meinen Gesang. Ich werde mir nach und nach bewusst, dass meine Art, die Gebete zu interpretieren, immer mehr an Gewicht gewinnt. Wenn ich die Augen halb geschlossen halte, scheinen die Worte der heiligen Texte von selbst aus meiner Kehle zu kommen, und ich tauche dank der Technik, die mich mein Meister gelehrt hat, buchstäblich in mich selbst ein. Vor allem meditiere ich ernsthafter. Im Gebetssaal ist meine Freude zu singen so intensiv, dass sie mich viel Kraft kostet. Mein Bauch ist angespannt wie ein Ball. Wenn die Schwestern sich erheben und plaudernd den Raum verlassen, setze ich mich leicht zitternd hin. Ich wende mich meinem Meister zu und lese jedes Mal Stolz in seinen Augen. Nichts ist erfüllender für mich: Meinen Meister zufriedenzustellen, macht mich glücklich!

In meiner Kammer, in der Küche, morgens beim Aufstehen, abends beim Zubettgehen, ertappe ich mich regelmäßig beim Singen. Ich trällere Mantras vor mich hin, aber nicht nur. Man hat mir einen Radiorekorder geschenkt, und ich höre unentwegt Schlager und vor allem die Musik der Bollywood-Filme. Meine besondere Vorliebe gilt einer amerikanischen Sängerin Namens Bonnie Raitt. Manchmal höre ich mir *Love Has No Pride*, einen ihrer Hits, x-mal hintereinander an … Einer der Gäste ist mit seiner Gitarre gekommen und hat mir ein paar Akkorde gezeigt. Jetzt übe ich, ganz begeistert, selbst Musik zu machen, auch wenn mir die Saiten furchtbar an den Fingern wehtun!

Diese Zeit der Ausbildung sollte zu einer wunderbaren Erinnerung für mich werden. Ich sehe mich noch, wie ich in meinem Zimmer singe und tanze, bis mir ganz schwindelig wird. Ja, wenn mein Leben in jener Zeit zu Ende gegangen wäre, hätte ich bereits gefunden, dass es wert gewesen war, gelebt zu werden.

FALLEN

Wie jedes Mal, wenn ich nach Kathmandu zurückkehre, bin ich aufgeregt. Die eine Stunde Fahrt hinunter in die große Stadt scheint mir eine Ewigkeit zu dauern. Diesmal ist der Taxifahrer recht nett. Umso besser, mir ist heute nicht nach Streiten zumute. Es ist inzwischen zwei Monsune her, dass ich ins Kloster aufgebrochen bin, und je mehr Zeit verstreicht, desto schwieriger gestaltet sich das Wiedersehen mit meinen Eltern. Ich versuche, sie einmal im Monat zu besuchen, wenn mein Meister mich nicht unbedingt braucht. Ich komme nur wegen meiner Mutter und natürlich auch wegen meiner Brüder, nicht aber wegen meines Vaters. Sein Schicksal interessiert mich nicht. Ich bleibe drei Tage und bin stets bemüht, das Beste aus meinem Aufenthalt zu machen. Ich verbringe mehr Zeit draußen als im Haus. Ich mache mir ein Vergnügen daraus, alles Taschengeld, das ich mir verdient habe, auszugeben. Ich sehe mir Filme an, kaufe unnützes Zeug, Bonbons, egal was. Aber ich kehre immer mit leeren Taschen zurück.

Ich dachte, der Fahrer sei nett, aber in Wirklichkeit ist er ein Idiot. Er will nicht nach Bodnath hereinfahren, und so muss ich die letzten dreihundert Meter zu Fuß zurücklegen. Mein Viertel steht bei manchen Nepalesen in einem schlechten Ruf, denn es gibt viele Schänken rundum den *Stupa*. Es sind keine richtigen Bars, eigentlich eher Hütten aus getrocknetem Lehm, aus Holz oder aus Ziegelsteinen, in denen ein selbstgebrautes Gesöff in Aluminiumschalen verkauft wird, das einem schon zu Kopf steigt, wenn man nur daran riecht … An manchen Abenden wanken Tibeter mit verletzten Seelen durch die schlammigen Straßen und lallen Geschichten vor sich hin, die nur sie selbst interessieren, Erinnerungen aus längst vergangener Zeit an ein Land, das sie zwangsweise verlassen haben. Zu diesen Leuten gehört auch mein Vater.

Ich bin spät dran, hatte keine Gelegenheit, vorher Bescheid zu geben, und meine Mutter sieht mich nicht kommen. Sie hat mir den Rücken zugekehrt. Mein kleiner Bruder Karma Phuntsok steht neben ihr, ein kleines schmutziges weißes Hündchen auf dem Arm. An seinen Augen und seinem Mund kann ich erkennen, dass er gerade gescholten wird. Meine Mutter packt ihn am Arm, und er versucht, sich ihrem Griff zu entziehen.

»Siehst du, wie weh das tut? Sag, spürst du es?«

Meine Mutter kneift ihn kräftig in den Arm. Er schreit auf und windet sich, um sich zu befreien. Sie hört auf, ihn zu kneifen, lässt ihn aber nicht los. Ich weiß, was sie ihm damit zeigen will: Ich habe es früher am eigenen Leibe erfahren.

»Schluss mit den Tränen. Hör lieber zu, was ich dir sage:

Nie wieder darfst du eine Schnecke zertreten, verstehst du? Sie ist ein Lebewesen wie du. Siehst du, wie weh es tut, wenn ich dich nur kneife? Kannst du dir den Schmerz dieses Tiers vorstellen, wenn du es mit deiner Schuhsohle zertrittst? Versprich mir, es nie wieder zu tun …«

Er wischt sich eine Träne weg, betrachtet den roten Fleck auf seinem Unterarm, bedenkt seine Mutter mit einem leicht vorwurfsvollen Blick und macht sich aus dem Staub. Er hat seine Lektion verstanden.

»Wie ich sehe, wendest du noch immer die guten alten Erziehungsmethoden durch das Beispiel an!«

»Choying, mein Liebes! Ich dachte schon, du würdest nicht mehr kommen …«

Meine Mutter dreht sich um, und ich sehe sie entgeistert an. Auf ihrer Stirn prangt die Narbe einer schlimmen, noch fast frischen Schnittwunde, und ihre Augenringe, noch dunkler als gewöhnlich, gehen verwischend in ein Hämatom über, das die Hälfte ihres Gesichts einnimmt. Was ich befürchtet habe, ist eingetroffen. Er hat sie wieder geschlagen. Seit dem Tag, an dem ich Nonne geworden bin, habe ich nie mehr Schläge einstecken müssen. Von niemandem, aber vor allem nicht von meinem Vater. Man erhebt nicht die Hand gegen eine Nonne, selbst wenn es die eigene Tochter ist. Er hätte es niemals gewagt. Meine Mutter dagegen ist von nichts befreit. Mein Vater hat nur noch sie, um sich abzureagieren, und ich bin nicht einmal da, um sie zu beschützen.

Sofort steigen mir Tränen in die Augen. Ich bin nicht mehr an die törichte Brutalität der Männer gewöhnt. Wenn ich von meinem Berg herunterkomme, tauche ich in den menschlichen Schlamm einer Welt ein, in der mein Vater die Gesetze macht. Ich gäbe alles dafür, um auch meine Mutter dort herauszuziehen. Doch ich bin mir nicht sicher, dass sie es wirklich will.

Blitzartig fegt die Wut die wenigen Gramm Vernunft weg, die ich innerhalb von zwei Jahren in Nagi Gompa mühsam angesammelt habe. Der Zorn ist die fatalste Waffe, die ich kenne. Wie ein Sturzbach, der in seinem Lauf die kleinen Kiesel an seinem Grund davonträgt, durchdringt er mich. Wie eine Drogensüchtige, die aufhört zu kämpfen und mit Angst und Wonne in die Trunkenheit abtaucht, wende ich mich ab von der Sanftheit Choyings und gebe mich wieder der Wut Pomos hin. Dabei war ich gestern noch so ruhig und glücklich … Doch der Hass ist ein alter Freund: Auch wenn man ihn monatelang nicht gesehen hat, reicht es, dass er an die Tür klopft, damit man ihn wieder einlässt. Die kleine Schwester von Bruce Lee war doch nicht so weit entfernt …

Ich stelle meiner Mutter keine Fragen, will nicht einmal wissen, was genau passiert ist. Völlig sinnlos. Ohne ein Wort zu sagen, mache ich mich auf den Weg ins pulsierende Zentrum von Bodnath. Ich habe noch immer meine kleine Reisetasche über der Schulter, doch ich merke es gar nicht. Ich verlasse meine Straße, gleichgültig gegen die Grußworte von Bekannten aus dem Viertel. Ich bahne mir meinen Weg durch die Menge, und die Leute weichen zur Seite, erstaunt über meinen raschen, entschlossenen Schritt und über meine Tasche. Nonnen haben es selten so eilig …

Ich sehe ihn schon aus fünfzig Metern Entfernung. Seine

hochgewachsene Gestalt hebt sich deutlich von der Gruppe seiner tibetischen Freunde ab, mit denen er, wie an jedem Samstagabend, verabredet ist. Sie treffen sich immer am selben Ort, gleich neben dem *Stupa*. Sein inzwischen vollständig graues Haar ist mit einem schwarzen Band, das über seinen Schultern wippt, zu einem dünnen Pferdeschwanz zusammengebunden. Er hat sein schickstes Gewand an, das braunweiße. Mein Vater ist immer sehr eitel gewesen. Er hat mir den Rücken zugekehrt. Anscheinend erzählt er gerade einen Witz, denn seine Freunde sehen ihn lachend an, manche haben einen Arm um die Schulter ihres Nachbarn gelegt. Alle haben ihre Aluminiumschale in der Hand. Ich trete näher. Mein Onkel erkennt mich. Ich muss einem kleinen Stier gleichen, bereit zum Angriff, die Beine leicht gegrätscht, den Kopf vorgestreckt, die Hände zu Fäusten geballt.

Mein Vater dreht sich um und sieht mich. Sein Blick verändert sich so schnell wie der Himmel im Winter. Seine Augen blitzen auf, sind plötzlich lebhaft trotz der vom Alkohol erzeugten Nebelschleier. Er lächelt wie ein Kind, glücklich, dass ich da bin.

»Choying, das ist meine kleine Choying. Seht doch nur, wie ernst meine Tochter dreinblickt!«

Ich könnte ihn an diesem Tag öffentlich demütigen, ihn stoßen und zwingen, vor mir her zu gehen, sodass sein schwankender Gang allen auffiele. Ich könnte ihn dem Spott preisgeben, indem ich ihn wie einen Betrunkenen am Arm zerre. Einen Moment lang würde ich es am liebsten tun. Aber ich kann es nicht. Mitleid überkommt mich. Wie hat es so weit kommen können? Er, ein treuer Freund, ein aufmerksamer Gastgeber, ein talentierter Künstler – warum ist er ein so mittelmäßiger Ehemann und Vater? Er, dessen Stärke so unangefochten ist, dass er vom ganzen Viertel respektiert wird – warum hat er das Bedürfnis, innerhalb seiner vier Wände die Körper der Seinen mit dem Mal seines Zorns und seiner Macht zu zeichnen? Ich verstehe es nicht. Wahrscheinlich soll man gar nicht versuchen, Licht in das Unerklärliche zu bringen.

Ich starre ihn an, und mir wird klar, dass ich nichts tun werde. Diese ganze aufgestaute Gewalt ermüdet mich. Ich bin plötzlich wie schlaftrunken.

»Guten Abend, Papa! Ich bin gekommen, um dich abzuholen. Alle erwarten dich zu Hause.«

»Gut, Choying, lass uns gehen … Ich bin ein guter Vater, ich gehorche meiner Tochter, wie ihr seht …«

Er leert seine Schale in einem Zug und stellt sie mit einem metallischen Klirren auf das große Holzfass, das als Tisch dient, und tritt auf mich zu wie ein Soldat beim Appell. Die anderen lächeln. Mein Vater liebt es, den Clown zu spielen. Er reicht mir seinen Arm. Mit bedauernder Miene deute ich auf meine Reisetasche. Ich fühle mich nicht imstande, ihn zu berühren. Besser, ich spiele noch etwas Theater.

Der Rest des Wochenendes verläuft reibungslos. Ich gehe mit meinen Brüdern einkaufen, um ihnen, wie bei jedem Besuch, kleine Geschenke zu machen. Ich bin nicht reich, doch mit dem Taschengeld, das ich von meinem Meister bekomme, und den Gaben von den Klostergästen besitze ich genug, um ihnen zum Beispiel ein Paar neue Schuhe zu kaufen, die sie brauchen. Ich weiß, was es bedeutet, die Ärmsten in der Klasse zu sein, und will nicht, dass meine Brüder darunter zu leiden haben. Ich sehe mir einen Bollywood-Film an und kehre beschwingten Herzens zurück. Am Abend essen wir alle zusammen *Dhal bat* mit Fleisch und sprechen von Freunden meiner Eltern und ihren Kindern.

Die letzte Nacht auf meiner Bettseite ausgestreckt, fixiere ich den Lichtfleck am Boden und finde keinen Schlaf. Die ganze Familie schnarcht sanft vor sich hin. Der Atem meines Vaters geht rasselnd wie ein alter Motor. Das entlockt mir ein Lächeln. Vielleicht sind wir letzten Endes nicht schlimmer als die anderen … Wir kämpfen unser ganzes Leben lang wie Fliegen, die in einem Marmeladenglas gefangen sind. Ich habe beschlossen, zu gehen und meinem Leben eine neue Orientierung zu geben, doch das gibt mir nicht das Recht, über diejenigen, die geblieben sind, zu urteilen.

Ich wache mit einem revoltierenden Magen auf. Der Tag vergeht wie ein Traum. Jeder bemüht sich, Konflikte zu vermeiden. Am Nachmittag breche ich auf mit dem Gefühl, meine Mutter im Stich zu lassen. Im Wagen, der mich auf meinen Berg zurückbringt, umklammere ich nervös die Plastiktüten mit Lebensmitteln, die ich meinen Freundinnen mitbringe. Bei jedem Holpern des Wagens stöhne ich auf. Meine Muskeln sind aufs Äußerste angespannt; ich gehe nicht einmal auf den Monolog des Chauffeurs ein, dessen Frau kurz vor der Niederkunft steht.

Schließlich erreichen wir den Eingang zum Nationalpark, und wie eine Raupe auf einem Rosenstock erklimmen wir langsam die Hänge, weichen Schlaglöchern und

Pfützen aus und rumpeln über Steine. Oben angekommen, zahle ich und verlasse den Wagen wie ein Springteufel. Ich kann nicht mehr. Das Taxi braucht eine Ewigkeit, um auf dem schmalen, schlammigen Weg zu wenden. Schließlich verschwinden die Rücklichter hinter der ersten Kurve. Ich lasse all meine Tüten fallen und erbreche mich am Wegesrand vor einem blühenden Busch. Auf allen vieren, die Hände in die fruchtbare, feuchte Erde gekrallt, hebe ich den Kopf zum wolkigen Himmel, und ich schreie. Ich heule schauerlich wie ein Hund, um mich von dem Druck zu befreien, mich zu entleeren, zu reinigen von all diesem Hass. Ich will ihn nicht mehr. Ich schiebe ihn weg, aber er bleibt, hockt kauernd da, bereit hervorzuspringen. Ich wollte gegen ihn ankämpfen, bin aber nicht mehr sicher, gewinnen zu können. Er ist stärker als ich.

ÜBER DEN WOLKEN FLIEGEN

Als ich ihn das erste Mal sehe, muss ich sofort an Muhammad Ali denken.

Ich halte mich im Gebetssaal auf und nehme hinter der Fensterfront einen Fremden wahr. Auch er sieht mich im Vorübergehen. Noch nie, außer im Fernsehen, habe ich einen Farbigen zu Gesicht bekommen. Ich kann es nicht fassen. Sobald die Zeremonie abgeschlossen ist, laufe ich zu Andreas, einem Deutschen, der seit Jahren bei uns lebt. Er spricht fließend Tibetisch und gehört, wie ich, dem engsten Kreis um meinen Meister an. Wir sind uns sehr nahe, ich nenne ihn »Aba Gaga«, lieber Papa.

»Wer ist der schwarze Mann, der heute angekommen ist?«

»Ein Amerikaner, der ein paar Tage bei uns verbringen will, um mit den Lehren von Tulku Urgyen Rinpoche vertraut zu werden. Er wohnt in Salt Lake City und unterrichtet asiatischen Kampfsport.«

Ob ich nun im Kloster lebe oder nicht, ich bin immer noch ein Fan von Bruce Lee. Und mein Drang zu kämpfen ist zwar weniger heftig als in Kathmandu, aber leider nicht vergessen.

»Ich muss unbedingt Kung-Fu lernen, Andreas. Unbedingt!«

»Wenn ich dir einen Rat geben kann: Kümmere dich um ihn, bring ihm morgens das Frühstück, führ ihn auf dem Klostergelände herum, und biete ihm deine Hilfe an. Ich will ihn fragen, ob er dir nicht ein paar Stunden geben kann.«

Am nächsten Morgen klopfe ich um sieben Uhr an seine Tür. Gerry Garnier folgt den Lehren des Buddha schon seit vielen Jahren. Er kennt die Regeln des Klosterlebens. Aber er kennt mich nicht.

»Guten Morgen, ich bringe Ihnen Ihren Tee. Könnten Sie mir vielleicht ein paar Kung-Fu-Stunden geben?«

Er hebt verblüfft den Kopf. Selbst jetzt, da er noch auf seinem Bett sitzt, wirkt er wie ein Riese. Dieser Mann ist wirklich groß und muskulös.

»Aber wer bist du denn, Kleine?«

»Ani Choying Drolma. Ich bin gar nicht so klein … Ich bin schon sechzehn.«

Ich erkläre ihm, dass ich lernen will, mich zu verteidigen, dass ich sehr gut bin, dass meine geringe Körpergröße täuscht. Dass ich so stark bin wie ein Junge.

»Du willst dich aus Gründen schlagen, die nicht edel sind.«

»Nein, überhaupt nicht! Du hast unedle Gründe, es mir nicht beibringen zu wollen: Weil ich eine Frau und noch dazu eine Nonne bin.«

»Gut, dann bringe ich dir besser chinesisches Boxen bei.

Damit kannst du dich verteidigen und Schläge abwehren, aber nicht angreifen.«

Und so kommt es, dass mir Jerry in dem winzigen Garten von Andreas, dessen Haus vom Hauptgebäude leicht zurückversetzt liegt, die ersten Unterrichtsstunden in asiatischem Kampfsport gibt. Wir treffen uns frühmorgens, und Andreas gesellt sich manchmal zu uns.

Zu dieser Zeit ist mein Gesicht noch immer jungenhaft, mein Körper aber nimmt bereits weibliche Formen an. Meine Brüste sind gewachsen, was mich enorm verwirrt. Das Feminine gewinnt die Oberhand. Ich bin ein ziemlich unangenehmes Zwischending – ein Teil Junge, ein Teil Mädchen, ein Kern aus Granit, eingehüllt in Schaum.

Eines Mittags, kurz vor dem Essen, bin ich in der Küche, mir gegenüber die »Böse«. Sie hat nicht die geringste Vorstellung, was sich unter meinem rasierten, mit Narben übersäten Schädel abspielt. Sie betrachtet mich argwöhnisch über ihren Brillenrand hinweg. Sie hofft, mich einschüchtern zu können. Sie weiß wirklich nicht, mit wem sie es zu tun hat … Ich werde niemals zu den braven, demütigen Nonnen zählen, die sanft sprechen und dabei den Kopf senken, die ständig in ihre Hand hineinprusten und glauben, es sei eine Ehre, wenn man sich für sie interessiert. Ich bin stolz, das gebe ich zu. Ich habe zweifelsohne eine zu hohe Meinung von mir selbst. Aber ich bin noch jung und unerfahren. Sie dagegen mit ihren Falten und ihrer Kürbisflaschenfigur hat bereits gelebt. Das Alter hätte ihr den Weg zur Weisheit enthüllen müssen. Doch an dem Tag, als ihr der Weg gewiesen wurde, hatte die »Böse« wohl ihre Brille nicht auf …

»Geht es, Choying? Nicht zu viel Arbeit?«

»Nein. Nach dem Mittagessen werde ich wohl noch Zeit für ein Schläfchen haben. Danke dir.«

Ein nervöses Zucken zeigt sich auf ihrer rechten Wange. Es hat mir selten so viel Spaß gemacht, jemanden zu ärgern. Ich bin dabei, Kerzen herzustellen, denn wir haben noch keinen Strom in Nagi Gompa. Letzten Monat ist ein Mann in westlichem Anzug bei uns erschienen, um uns mitzuteilen, dass wir bald Kommunalwahlen hätten und endlich Licht bekommen würden, sofern wir seinen Kandidaten wählen. Eines Tages ist dann ein Bus gekommen und hat uns in die Schule des Dorfes gefahren. Ich war noch nicht alt genug, um wählen zu dürfen, doch ich wollte trotzdem dabei sein. Vor den Augen dieser Person steckten die Nonnen alle brav den Zettel mit dem Namen in die Urne, den man ihnen vorher genannt hatte. Viele Nonnen können nicht einmal lesen und fragen sich nicht, warum oder wen sie wählen. Aber alle hätten natürlich gern Strom.

Unterdessen stelle ich meine Kerzen her, und zwar nach einer Methode, die ich selbst erfunden habe. In einer alten Konservendose erhitze ich Reste tausender Kerzen, die im *Stupa* von Bodnath gebrannt haben. Ich sammle kleine Flaschen, etwa solche, wie man sie für Hustensaft verwendet. Ich lasse einen feinen Faden ins Innere, gieße das heiße Wachs hinein, wobei ich darauf achte, dass sich der Faden möglichst genau in der Mitte befindet. Dann lasse ich das Ganze abkühlen. Nach zwei Tagen, wenn alles hart geworden ist, zerschlage ich vorsichtig das Glas – und habe meine Kerze! Genau damit bin ich gerade beschäftigt, während die »Böse« die Buchhaltung erledigt. Sie ist es, die den Reis, die Kartoffeln und die meisten Vorräte für all jene bestellt, die im direkten Dienst meines Meisters stehen.

»Ich habe mit Tulku Urgyen Rinpoche gesprochen, wundere dich also nicht. Dein Benehmen ist unverschämt, und auch deine täglichen Kampfübungen in Andreas' Garten sind ein sehr schlechtes Vorbild für unsere Gemeinschaft. Er will dich sehen. Er erwartet dich in fünf Minuten.«

Dieses gemeine Biest hat mir nichts gesagt! Ich komme zu spät zu einem Termin, von dem ich gar nichts wusste. Scheinbar in aller Ruhe gieße ich das Wachs in die letzte Flasche; ich gönne ihr nicht den Triumph, mich hektisch werden zu sehen. Ich lasse den Topf auf dem Tisch stehen, gleich neben ihr.

Ohne anzuklopfen, trete ich in den Meditationsraum meines Meisters. Seit mehreren Wochen, das heißt seit meinem letzten Besuch in Kathmandu, fühle ich mich schlecht und irgendwie beunruhigt. Ich weiß, dass meine Bemühungen nachgelassen haben. Ich bin weniger aufmerksam, wenn wir gemeinsam heilige Texte lesen. Bevor wir abends zu Bett gehen, neige ich dazu, die meinen schnell herunterzulesen, ohne wirklich zu meditieren.

Mein Meister schweigt minutenlang. Ich habe mich nur vor ihm verneigt, habe ein wenig Weihrauch entzündet und mich zu seinen Füßen niedergelassen. Den Kopf gesenkt, versuche ich, den Sturm einzudämmen, der seit mehreren Tagen in mir tobt: nicht entfesselt, aber im Begriff anzuschwellen. Wenn ich mich so ruhig hinsetze, wird mir erst klar, in welchem Maße ich innerlich aufgewühlt bin.

»Warum zündest du nicht eine Kerze an, statt die Dunkelheit zu verwünschen?«

Natürlich ist das symbolisch gemeint. Obwohl ich noch eine sehr junge Nonne bin und meine Übung im buddhistischen Glauben noch in den Kinderschuhen steckt, haben die Lehren meines Meisters bereits wie Samenkörner der Weisheit in meinem Geist zu keimen begonnen. Ich bleibe stumm und warte, was er mir weiter zu sagen hat.

»Statt den anderen Vorwürfe zu machen und deine Energie, deine Kraft und deine Intelligenz mit Kritik zu vergeuden, solltest du versuchen, deine Sichtweise ihnen gegenüber zu ändern. Wenn die anderen schlecht sind, so solltest du, die du mehr Glück hast, ihnen helfen. Gib, wenn du nichts von ihnen annehmen willst. Du kannst deinen Mitmenschen keine Veränderungen aufzwingen, deshalb beginn bei dir selbst. Entwickle in dir das Gegenteil dessen, was du an ihnen verabscheust.«

Mein Meister spricht nie viel. Seine Lektionen sind nur sehr selten theoretisch. Es ist nicht seine Art, Lösungen zu geben, vielmehr handelt er. Indem ich ihn beobachte, wie er so voller Liebe, Güte, Verständnis und Aufmerksamkeit ist, lerne ich von ihm. An diesem Tag sagt er mir mehr als je zuvor.

»Ja, ich weiß. Doch ich kann den Zorn nicht zähmen, den mein Vater in mir geweckt hat. Ich verstehe ihn nicht … Er liebt uns nicht, meine Mutter und mich, das ist offensichtlich. Das ist ungerecht und macht mich rasend vor Wut. Der Zorn hat den ganzen Platz in meinem Herzen eingenommen. Ich bedaure das, doch ich bin machtlos dagegen …«

»Du kennst diesen Text von Buddha, nicht wahr, Choying? Hör zu …«

Mein Meister schließt die Augen und rezitiert eine Passage aus dem Dhammapada, einem der ältesten buddhistischen Texte, die bis heute erhalten geblieben sind. Nicht lauter als ein Murmeln füllt seine Stimme den kleinen Raum aus. Ich fühle mich darin eingehüllt; sie klingt warm und so vertraut:

»Schau doch, wie er mich misshandelte und verletzte,
wie er mich niederschlug und ausraubte.«
Meide solche Gedanken,
und du wirst das Ärgernis beenden.
In dieser Welt hat
Hass noch niemals Hass aufgelöst.
Nur Liebe löst den Hass.
Dies ist das Gesetz,
uralt und unerschöpflich.

Seine letzten Worte sind kaum wahrnehmbar, so sehr scheint sich mein Meister in sein Inneres zurückgezogen zu haben. Tränen rinnen träge meine Wangen hinab. Es ist mir ein Bedürfnis zu weinen, doch ich bin gar nicht so traurig. Es ist nur das Zuviel an Gefühl, das aus meinen Augen quillt.

»Ich sage nicht, dass du ihm verzeihen musst, dass das, was er tut, nicht schlimm wäre. Ich verstehe deinen Zorn.

Aber er ist nicht gut für dich, weder für dich noch für die anderen. Er trifft dich noch einmal, als wärest du zum zweiten Mal verletzt worden. Glaubst du, deinem Vater bereitet es Vergnügen, dich zu schlagen? Ich denke vielmehr, dass er krank ist – seinen Gefühlen unterworfen und außerstande, gegen sie anzukämpfen. Ich bin sicher, er blickt traurig drein, nachdem er deine Mutter oder dich geschlagen hat. Er leidet darunter. Du hast die Chance, noch zu lernen, nicht mehr Opfer deiner Gefühle zu sein. Von euch beiden bist du besser dran, Choying, glaube mir …«

Seine Ausführungen sind für mich kaum vernehmbar. Übrigens verstehe ich nur die Hälfte. Ich nehme es hin, weil es von Tulku Urgyen Rinpoche kommt, dem mein ganzer Respekt gilt. Dieser Mann liebt mich wirklich, ich weiß, dass er mich niemals schlecht beraten wird. Er will nur mein Bestes. Trotzdem und gegen meinen Willen ballen sich meine Hände zu Fäusten.

»Was würdest du tun, wenn du einen Kranken auf der Straße sähest? Würdest du ihm nicht deine Hilfe anbieten? Warum also einem Unbekannten, der dir nie etwas gegeben hat, etwas schenken, das du deinem eigenen Vater verweigerst? Versuch, an das zu denken, was er an Gutem für dich getan hat, statt dich in all den schmerzhaften Erinnerungen zu verstricken. Er hat, was dich betrifft, nicht nur schlechte Absichten gehabt, vergiss das nie. Er hat dich umhegt, als du erst wenige Tage alt und so zerbrechlich warst, dass eine Ratte dich hätte wegzerren können, um dich zu fressen. Später hat er dich ernährt, dir ermöglicht, die Schule zu besuchen. Wenn du heute hier und bei guter

Gesundheit bist, so ist das auch sein Verdienst. Sei nicht ungerecht mit ihm: Wenn du dich der schlechten Taten entsinnst, so vergiss auch nicht die guten.«

Ich konzentriere mich, um mich von meinem Meister führen zu lassen. Ich sehe, wie mich mein Vater auf der Straße auf seinen Schultern trägt, damit ich die Zeremonien über die Köpfe der Menge hinweg bewundern kann. Ich sehe, wie er von morgens bis abends ohne Maske arbeitet, wie er die giftigen Dämpfe einatmet, um seine Statuen anzumalen. Ich sehe, wie er an manchen Abenden mit meiner Mutter ausgeht, um dort, wo sie am besten sind, *Momos* mit ihr zu essen. Natürlich ist er kein Monster. Wenn mir dieser Gedanke die schreckliche Last meines Zorns abnehmen kann, so will ich mich wohl darum bemühen.

Ich muss über all das nachdenken. Die Hand schon auf dem Türgriff, drehe ich mich zu Tulku Urgyen Rinpoche um. Er betrachtet mich lächelnd.

»Und vergiss auch dieses nicht: Die Lotusblume wächst im Schlamm, ihre Blüte aber bleibt immer weiß und rein. Das ist unsere größte Herausforderung: im Herzen des Problems leben und uns durch selbiges nicht in Frage stellen. Das ist die wahre Freiheit.«

Ich verlasse den Meditationsraum und atme in der frischen Luft tief durch. Die bunten Gebetswimpel knattern im Wind wie ein Trommelwirbel. Ich bin allein. Raben fliegen am Himmel. In der Ferne sehe ich eine Nonne, über den Boden gebeugt; sie gräbt die Erde im Gemüsegarten, ich kann ihr Gesicht nicht erkennen. Mir ist kalt. Ich laufe bis ans Ende des grasbewachsenen Plateaus, wo der Hang sich ins Leere zu stürzen scheint. Im Lotussitz lasse ich mich im feuchten Gras nieder, die Hände auf den Knien geöffnet, wie ich es so oft bei meinem Meister beobachtet habe. Bisher bin ich faul gewesen, die »Böse« hat recht. Doch damit habe ich mir selbst am meisten geschadet: Ich habe keine Fortschritte gemacht. Ich habe gelernt zu kämpfen, doch vielleicht habe ich mich im Ziel geirrt. Meinen Körper abzuhärten, reicht nicht: Ich muss auch meinen Geist schärfen.

Etwa fünfzig Meter von mir entfernt kreist ein Adler dicht unter den Wolken. Mein Meister hat mir versichert, ich könne fliegen. Es genüge, immer und immer wieder zu meditieren. Ich bin sicher, dass ich fliegen kann, wenn ich mich wirklich konzentriere. Ich versuche, den Lärm in meinem Gehirn zu dämpfen. Man müsste ihn zum Schweigen bringen können, so wie man ein Radio ausschaltet, indem man den Knopf dreht. Die Gedanken schwirren in alle Richtungen – mein Vater, mein Englischbuch, *Smaragde für dein Herz*, der letzte indische Film, den ich in der Stadt gesehen habe, der deutsche Gast, der uns letzte Woche verlassen hat … Ich singe ein Mantra vor mich hin, das Lieblingsmantra meines Meisters, das er gern aufsagt, bevor er einschläft. Ich spüre, wie meine Lungen die dunstige Luft aufnehmen, wie mein kochendes Blut in den Adern pulsiert, wie mein Bauch anschwillt, meine Schultern sich ganz sanft heben. Und allmählich kehrt Ruhe in mir ein.

Als ich wenige Tage später meine Kleider am allgemeinen Waschplatz wasche, setzt sich mein Meister neben mich auf den Steinrand.

»Diesen Fleck wirst du heute nicht entfernen können, Choying. Er sitzt zu tief im Stoff drin.«

»Ich weiß, aber ich reibe, so gut ich kann, und man sieht ihn immer weniger.«

»Du entfernst ihn mit jedem Waschen ein wenig mehr, und eines Tages wird er ganz verschwunden sein. Das Gleiche gilt für deinen Zorn. Du musst ihn wegspülen, immer und immer wieder …«

Die Lehren meines Meisters stützen sich stets auf ganz kleine, scheinbar unwesentliche Dinge.

Die Praxis des Buddhismus ist eine für jeden unterschiedliche, sehr mysteriöse, sehr persönliche Sache, die sich nicht leicht erklären lässt. Man muss arbeiten, immer und immer wieder, jede Sekunde, man muss meditieren, meditieren und noch mal meditieren. Der Weg ist lang, beschwerlich wie eine gewundene und steinige Straße, die immer am Rand des Abgrunds verläuft.

Jeden Tag lasse ich mich am Rand des Tals auf einem großen Stein nieder. Ich meditiere, so gut ich kann. Jerry Garner ist in die Vereinigten Staaten zurückgekehrt. Ich versuche nicht mehr, meine Handflächen härter zu machen, um wirkungsvoller zuschlagen zu können. Ich creme meine Hände ein, damit die Haut zarter wird. Ich bin glücklich über diese befreite Zeit. Das Ziel, das ich mir gesetzt habe – fliegen zu lernen – motiviert mich enorm. Am Ende jeder Sitzung verrenke ich mir den Hals, um zu sehen, ob auf meinem Rücken schon die Flügel zu wachsen beginnen. Doch mein Rücken bleibt vollkommen glatt. Nicht der Beginn eines Kitzelns. Nicht die kleinste Feder am Horizont, außer der, die der Adler bisweilen über mir verliert. Es ist meine Seele, die sich Tag für Tag mehr ausbreitet. Ich habe gar keine Lust mehr zu kämpfen. Ich will versuchen, alles, was mir geschenkt wurde, zurückzugeben. Ich weiß es noch nicht, doch ich bin schon dabei, an Höhe zu gewinnen. Und auch über den Wolken zu fliegen.

ERWACHSEN WERDEN

Meine Mutter packt vorsichtig die Schachtel mit dem Seidenpapier aus, ihre Wangen röten sich vor Freude. Vorsichtig zieht sie ein Goldkettchen hervor, als könnte das Schmuckstück durch eine zu brüske Handbewegung verloren gehen.

»Mein Liebes, das wäre doch nicht nötig gewesen, das ist viel zu schön.«

»Zu schön für wen, Mama? Diese Halskette ist wie für dich gemacht, sie steht dir wunderbar …«

»Sie muss schrecklich teuer gewesen sein …«

»Aber ich sag dir doch, ich habe dort viel Geld bekommen. Ich bin so glücklich, dir eine Freude zu machen – noch glücklicher als du selbst.«

Ich hebe ihre langen Zöpfe an und lege ihr die Kette um den Hals. Es ist das erste Mal in meinem Leben, dass ich reich genug bin, um meiner Mutter etwas wirklich Besonderes zu schenken. Wie alle asiatischen Frauen liebt sie Gold. Und ich bin selig, sie so strahlend zu sehen.

Ich komme gerade von einer fünfwöchigen Reise aus

Singapur zurück. Eine charmante buddhistische Chinesin hatte mich eingeladen. Lim Hsiu Mei, ich nenne sie meine »Patin«. Ich bin ihr im letzten Jahr begegnet; sie hatte meinen Meister besucht und seine Lehren empfangen. Vor ihrer Abreise drängte sie mich, sie nach Hause zu begleiten. Dafür brauchte ich natürlich die Zustimmung meines Meisters. Ich brannte darauf, die Welt kennenzulernen. Endlich dieses Anderswo zu entdecken, das ich nur aus Filmen kannte. Doch Tulku Urgyen Rinpoche zeigte sich mehr als zögerlich: Er war nicht bereit, mich ziehen zu lassen, da er auf meine Hilfe nicht verzichten wollte. Nach mehreren Monaten, in denen ich – ohne großen Erfolg, wie ich zugeben muss – vor ihm die Schätze meiner Fantasie und Überzeugungskraft ausgebreitet hatte, bot sich eine perfekte Gelegenheit. Ein Jahr war seit der Einladung verstrichen. Mein Meister brach für mehrere Wochen nach Taiwan auf. Wenn er nicht da war, konnte ich ihm auch nicht fehlen! Des Argumentierens überdrüssig und sicher auch beeindruckt von meiner Beharrlichkeit, gab er schließlich klein bei.

Ich bin furchtbar aufgeregt, aber zugleich auch ängstlich, als diese Perspektive Gestalt annimmt. Angesichts meiner neuen »Extravaganz« stockt den Älteren im Kloster geradezu der Atem. Sei's drum! Die Meinung anderer bedeutet mir wenig. Nur die von Tulku Urgyen Rinpoche zählt für mich. Eine solche Gelegenheit darf man sich nicht entgehen lassen. Einmal abgesehen von einigen Ausflügen nach Indien mit meiner Familie ist es das erste Mal, dass ich so weit reise, noch dazu in ein Land, das so anders ist als meines. Und so besteige ich mit achtzehn Jahren zum ersten Mal ein Flugzeug. Ganz auf mich allein gestellt! Ich werde mich lange an diesen Flug erinnern. Er ist wunderbar und schrecklich zugleich: wunderbar, weil mich alles begeistert, die Freundlichkeit der Stewardessen, ihre hübschen Kostüme, das feine Essen, serviert auf unglaublich kleinen Tabletts. Und alles riecht so gut in der Maschine! Aber schrecklich ist der Flug auch, denn kurz nach dem Abendessen wird mir übel. Ich schwitze, alles dreht sich um mich herum, ich bekomme Atemnot, und schließlich muss ich mich übergeben. Die Luftkrankheit ... Es ist mir furchtbar peinlich, und so sitze ich, außerstande zu schlafen, schweigend in meinem Sitz, möglichst weit von meiner Nachbarin entfernt, die mich demonstrativ ignoriert.

Meine »Patin« holt mich vom Flughafen ab, und das Unbehagen weicht dem Staunen. Gepäckbänder auf Marmorböden, Boutiquen mit Luxusartikeln, Stewardessen, hübsch wie Bollywood-Stars – ich weiß gar nicht, wohin ich zuerst schauen soll. Mit Angst im Bauch und zuckenden Mundwinkeln vom vielen einfältigen Lächeln verlasse ich den Flughafen von Singapur.

Bei heruntergekurbeltem Fenster, die Nase im Wind, verschlinge ich alles mit den Augen, als könnte es mit einem Wimpernschlag verschwinden. Ich bin erstaunt über die Kontraste, auf der einen Seite die riesigen ultramodernen Hochhäuser, auf der anderen die Wäsche, die vor alten Fenstern hängt und die ich zuerst für Fahnen halte. Ich erinnere mich noch genau an die automatische Waschanlage, die gewaltigen schäumenden Rollen, den plötzlichen Lärm im Wageninnern, den Eindruck, in einem Tornado zu stecken, ja, ich empfinde Angst angesichts dieser neuen

Eindrücke … Auch die Hitze überwältigt mich, ich habe nicht damit gerechnet. Ich schwitze furchtbar in meinem dicken, langen Gewand. Am dritten Tag rät mir meine Patin zu einem weniger klösterlichen Look …

»Ani, so kannst du nicht bleiben, du schwitzt dich ja zu Tode. Warum trägst du nicht ausnahmsweise mal normale Kleider?«

Das lasse ich mir nicht zweimal sagen, vor allem weil mir die neugierigen Blicke auf der Straße ausgesprochen peinlich sind. Bei uns in Nepal gibt es so viele Mönche und Nonnen, dass die Straßen voller ockerfarbener und roter Punkte sind und niemand mich jemals anstarrt. Hier drehen sich Passanten manchmal auf der Straße nach mir um, und das behagt mir überhaupt nicht. Meine Patin kauft mir also Bermudas und T-Shirts mit kurzen Ärmeln (immerhin in meinen Farben), und ich fühle mich so sehr viel wohler. In den Augen eines Singapurers sehe ich jetzt normal aus.

Die Tage vergehen, und langsam nimmt mein Leben Form an. Morgens besuche ich Englischkurse in einem Spracheninstitut bei einem australischen Lehrer, der Robin Williams, dem Schauspieler in *Madame Doubtfire,* so ähnlich sieht. Ich würde gerne länger bleiben, doch in Ermangelung eines Visums muss ich nach fünf Wochen zurück nach Nepal, die Koffer voll mit Geschenken.

»Erzähl uns, wie das Ausland ist …«

Ich habe schon fünfmal von meiner Reise berichtet, doch ich fange für meine Eltern und meine Brüder wieder von vorne an, denn ich weiß, dass es allen Freude bereitet. Mir übrigens genauso. Ich erzähle von den engen

Straßen, den Hamburgern mit überquellendem Käse, den Mädchen in Miniröcken, dem Gedränge in der U-Bahn, den Ampeln, dem Tuten der Schiffe im Hafen, den jungen Leuten, die sich küssen, den unzähligen Schildern an den Straßen …

»Stimmt es, das alle Ausländer in Luxushotels leben, dass sie nur von der Liebe reden, von Kleidern und vom Essen?«

Unsere kleine Nachbarin, die unbemerkt eingetreten ist, will auch ihren Anteil an dem Traum. Wie die meisten Tibeter, die ihr Land nie verlassen haben, glaubt die Kleine, dass der Rest der Welt dem gleicht, was man im Kino sieht. Auch ich muss zugeben, dass ich, bevor ich die Reise antrat, viele Klischees im Kopf hatte. Doch ich habe festgestellt, dass die Realität ganz anders ist. Meine Freunde arbeiten zehn Stunden am Tag, können kaum ihre Wohnung genießen, kommen nach der Arbeit erschöpft und gestresst heim. Sie scheinen dem Unerreichbaren nachzulaufen.

Vor allem finde ich, dass ihr Wohnraum so beengt ist. Ich dagegen bin es gewohnt, ein Tal zu meinen Füßen zu haben. Ich habe es genossen, allein durch diese riesige Stadt zu spazieren, den Bus zu nehmen, stundenlang an den Schaufenstern entlangzubummeln, geheimnisvolle Gerichte zu essen, deren Geschmack ich mir nicht einmal hätte vorstellen können. Mir hat das permanent pulsierende Leben in Singapur gefallen, die große Freundlichkeit all derer, denen ich begegnet bin, doch bin ich auch sehr froh, wieder heimzukehren.

»Und was hast du für dich gekauft?«

Ich präsentiere zwei Paar Schuhe, die mir meine Freunde geschenkt haben. Ich liebe diese Schuhe. Und wenn ich nicht Nonne geworden wäre, wäre ich heute bestimmt ein *Fashion Victim*, ein Modeopfer. Ich kann mich begeistern für hübsche Sachen, kostbare Materialien, gut geschnittene Kleidung. Ich glaube, das habe ich von meinem Vater geerbt … Meine Nonnengewänder aber lassen keine großen Variationen zu. Das Einzige, bei dem ich meine Fantasie ein wenig entfalten kann, sind meine Schuhe. Meine Vorliebe gilt der schlichten Eleganz. Das ist meine einzige Konzession an die weibliche Koketterie. Meine chinesischen Freunde wussten das und waren so nett, mir bordeauxrote Ballerinas und braune Mokassins zu schenken.

Mein Vater ist seit vorhin still und nachdenklich. Er riecht genussvoll an seinem Hemd. Ich habe ihm ein französisches Parfum mitgebracht. Er ist ganz trunken – diesmal aus einem guten Grund. Was ihm besonders den Kopf verdreht, sind die grünen Scheine, die da auf dem Tisch liegen. Tausend Dollar für ihn. Er kann den Blick nicht davon lösen. Einen Teil hat er zu einem Bündel gestapelt, der Rest ist auf dem Tisch verstreut. Gegen meinen Willen erwarte ich ein Dankeswort von ihm, nur ein kleines »Danke«. Doch es kommt nicht. Ich sehe ihn an. Auch er fixiert mich. In diesem stummen Blickaustausch liegen tausend Worte. Ich spüre sehr genau, was er mir nicht sagt. Seinen Stolz. Sein Glück. Seine Bewunderung. Seine Tochter wurde ans andere Ende der Welt eingeladen und kehrt beladen mit Geschenken zurück. Er kann es nicht fassen. Und gleichzeitig hat er es immer schon gewusst. Ich lese in seinem Gesicht, wie unendlich glücklich er ist.

Einen Monat und zehn Tage lang habe ich jeden Geldschein beiseitegelegt. Zum ersten Mal in meinem Leben habe ich gespart. Ich habe dort so viele Gaben erhalten. Die buddhistische Tradition verlangt, dass man den Mönchen und Nonnen Geschenke macht, damit sie für ihren Unterhalt sorgen können. Im Gegenzug betet der Beschenkte für seine Wohltäter.

Die Buddhistengemeinde von Singapur war sehr großzügig mir gegenüber, und ich konnte mehr als tausend Singapur-Dollar zusammentragen. Ich habe die Banknoten eine nach der anderen in ein kleines Ledertäschchen gesteckt, das mir eine Singapurer Freundin geschenkt hatte. Jedes Mal dachte ich an das Gesicht, das mein Vater machen würde, wenn ich es ihm überreiche.

Sobald die Räder meiner Maschine die Landepiste des Flughafens von Kathmandu berührten, brannte ich vor Ungeduld, meinem Vater das ganze Geld zu geben. Das Täschchen war so prall gefüllt, dass ich es kaum zubekam.

»Hier, das ist für dich!«

Kaum zu Hause angekommen, habe ich meinem verdutzten Vater das Täschchen überreicht.

»Das ist für euch, sage ich.«

Ich versuche, den Triumph, der meine Stimme leicht zittern lässt, zu verbergen, doch es gelingt mir nicht. Ich bin stolz wie noch nie in meinem Leben. Ich möchte alle so gerne glücklich machen!

»Du wirst dich nicht mehr um mich kümmern müssen, das verspreche ich dir. Von heute an bin ich es, die für euch sorgt …«

Und ich sage die Wahrheit. Mein Meister wiederholt ständig, die wichtigsten Menschen in unserem Leben seien unsere Eltern. Wir müssen sie lieben, ihnen zurückerstatten, was sie uns gegeben haben, als wir noch ein kleines schreiendes Bündel mit dreckigen Windeln waren. Als ich ein Baby war, haben sie mich versorgt; jetzt ist es an mir, sie zu unterstützen. Für einen Buddhisten gibt es nichts Tugendhafteres als das. Sie haben mir das schönste aller Geschenke gemacht: das Leben. Natürlich werde ich ihnen nichts Gleichwertiges zurückschenken können. Bis ans Ende ihrer Tage werde ich ihnen geben, was ich kann, und nie mehr etwas von ihnen verlangen.

Als mein Vater 1991 beschließt umzuziehen, unterstütze ich meine Eltern, so gut es mir möglich ist. Die Geschäfte meines Vaters laufen recht gut, und jedes Mal, wenn ich ins Ausland reise, nehme ich Figuren in meinem Koffer mit, um sie für ihn zu verkaufen. In Hongkong oder Taiwan zum Beispiel bringen sie erheblich mehr ein als bei uns in Kathmandu. Einige Nonnen im Kloster schätzen es gar nicht, dass ich solchen Handel betreibe. Manche nennen mich sogar »Business-Nonne«. Natürlich ist mir das gleichgültig, denn ich kann mit Gewissheit sagen, dass meine einzige Motivation darin liegt, meine Familie glücklich zu machen. In jenem Jahr verbringe ich viel Zeit in Bodnath. Ich muss die Bauarbeiten überwachen, denn mein Vater ist dazu nicht in der Lage. Naiv, wie er ist, vertraut er zweifelhaften Unternehmern, ist oft nicht auf der Baustelle, ist zu nachsichtig mit den Arbeitern. Ich nicht. Ich bin so oft wie möglich da, um die günstigsten Verträge auszuhandeln, Architekten zu suchen, den Bau zu organisieren und darauf zu achten, dass niemand versucht, uns übers Ohr zu hauen. Ich bin von acht Uhr morgens bis acht Uhr abends präsent. Meine Beharrlichkeit und mein Ernst wecken zunächst Neugier, dann Bewunderung bei den Nachbarn. Eines Tages wendet sich ein Mann, den ich flüchtig kenne, ein Freund und Nachbar meiner Eltern, an mich. Ich habe schon bemerkt, dass er und seine Frau mich oft beobachten.

»Dein Vater und deine Mutter haben großes Glück, eine Tochter wie dich zu haben!«

»Danke. Auch ich habe Glück. Ich kümmere mich um den Neubau, das macht mir Spaß.«

»Verstehe …«

Sichtlich unbehaglich beginnt er, in seiner Westentasche zu suchen. Er zieht unbeholfen ein Foto hervor, das er mir mit einem breiten Lächeln zeigt.

»Habe ich dir schon von meinem Sohn erzählt? Er lebt in Singapur, arbeitet dort in einem Wirtschaftsunternehmen. Er ist ein guter Junge. Was hältst du von der Idee, meine Schwiegertochter zu werden? Meine Frau und ich würden uns glücklich schätzen, ein so engagiertes, fleißiges und mutiges Mädchen wie dich in unsere Familie aufzunehmen. Ganz abgesehen davon, dass du sehr hübsch bist …«

Er lächelt, und seine Dreistigkeit bringt auch mich zum Lachen. Ich beschließe, das Ganze für einen guten Witz zu halten, um diesem peinlichen Gespräch ein Ende zu bereiten. Mit meinen zwanzig Jahren bin ich tatsächlich recht hübsch. Ich weiß, dass ich trotz meines Status als Nonne den Männern gefalle, das kann ich in ihren Augen lesen.

Man nennt mich sogar die »schöne Nonne«, das ist mein Spitzname im Viertel. Bisweilen revidieren Nonnen, die besonders jung ins Kloster gegangen sind, ihre Entscheidung, wenn sie zur Frau heranreifen, geben dem Werben der Männer nach und heiraten. Ich weiß, dass dies häufiger geschieht, als man denkt. Doch nicht mir. Als ich zu reisen begann und mich nicht wirklich verhielt wie eine »traditionelle« Nonne, fürchteten meine Eltern, ich könnte das religiöse Leben aufgeben. Viele fingen an zu tratschen, und wenige glaubten an mich. Doch niemals hätte ich meinen Eltern diese gesellschaftliche Schmach angetan: Ein Mädchen, das sich vom Klosterleben abwendet, ist in der Gesellschaft sehr schlecht angesehen. Und vor allem hatte ich nie das Verlangen – schon gar nicht danach, mich mit dem Sohn meines Nachbarn einzulassen.

In Nagi Gompa aber bin ich letztes Jahr einem jungen Mönch begegnet, der mir sehr gefallen hat. Ich habe ihn vielleicht drei- oder viermal gesehen. Er begleitete seinen eigenen Meister und blieb mehrere Tage. Ich habe nie ein Wort mit ihm gewechselt. Doch wenn sich unsere Blicke trafen, waren sie so beredt – fast ohrenbetäubend. Für mich auf alle Fälle … Er war attraktiv, hatte eine ebenmäßige Haut und blendend weiße Zähne. Das Einzige, was ich mit ihm erlebt habe, wenn man das überhaupt so nennen kann, waren die Berührung unserer Gewänder, wenn wir uns auf den Gängen begegneten, die Blicke, die sich suchten, die Hoffnung, wahrgenommen zu werden, was ein Prickeln im Nacken auslöste, ein betörender Duft, der eine Zeitlang in der Luft schwebte … Mein Herz klopfte so heftig, wenn ich ihn sah … Und da fragte ich mich: »Würdest du das wirklich wollen? Mit diesem Mann gehen und ihn heiraten?« Die spontane Antwort war wie ein Schrei in meinem Kopf: »Nein! Nein! Nein!«

Ich musste nie gegen meine Gelüste ankämpfen, denn die Gewissheit, dass mein Leben ohne einen Mann immer erfüllter sein wird, ist tief in meinem Innern verankert. Ich liebe meine Freiheit zu sehr, um mich an jemanden zu ketten.

Ein Jahr später ist das Haus meiner Eltern endlich fertig. Ein richtiges einstöckiges Haus diesmal mit einem kleinen Hof und einer Veranda für meine Mutter. Ich wünsche mir von ganzem Herzen, dass meine Eltern hier zur Ruhe kommen. Ich fühle mich wie eine Mutter, die ihren Kindern den Schlüssel zu ihrer ersten Wohnung überreicht: Ich spüre, dass ich fortan die Erwachsene bin. Sie brauchen sich nicht mehr um mich zu kümmern, und ich weiß, dass ich immer zurechtkommen werde, egal was geschieht. Das Einzige, worum ich sie bitte, ist, für uns alle glücklich zu sein.

SCHWACH UND STARK

Arme und Beine von mir gestreckt wie ein Seestern, liege ich auf dem dichten Rasen vor dem Kloster. Mein Gesicht ist den Tausenden Lichtern der Milchstraße zugewandt, und ich lasse mich von der Pracht des Himmels betören. Ich bin sicher, dass er nirgendwo auf der Welt schöner ist als in Nepal. Ich bin jetzt seit sieben Jahren hier, und seit sieben Jahren rührt mich dieser nächtliche Anblick zu Tränen. Wenn ich mich aufsetze, verschmelzen die Gestirne mit den Lichtern der Stadt, die sich wie ein Teppich zu meinen Füßen ausbreitet. Ich fühle mich wie schwerelos mitten im Himmel. Mit meinen beiden Freundinnen Ani Tara und Gyanatara bin ich hierhergekommen, um diese göttliche Nacht zu genießen. Ich bin so ruhig wie nie zuvor. Ich atme ein und stoße die Luft mit einem zarten Klagelaut wieder aus. Ich singe gerne nachts, wenn mich niemand sieht. Dann ist meine Stimme erstaunlich dicht. Offenbar bekommen die Leute sogar Gänsehaut davon. Wohl weil sie sich direkt an die Sterne wendet.

»Ich finde, es ging ihm heute besser als gestern.«

Gyanataras raue Stimme bricht das Schweigen.

»Sein Zustand hat sich tatsächlich stabilisiert, und sein Insulinspiegel auch.«

Seit einigen Monaten bedarf Tulku Urgyen Rinpoches Gesundheitszustand ständiger Aufmerksamkeit. Er leidet unter Diabetes und Bluthochdruck. Da ich dank meiner Englischkenntnisse in der Lage bin, die Dosierungsangaben der Medikamente zu lesen, bin ich quasi zur Krankenschwester avanciert. Ich gebe ihm die Insulinspritzen und messe morgens und abends jeweils vor dem Essen seinen Blutdruck. Darum bin ich letzte Woche mit Hilfe meiner Freundinnen aus der Kammer, die ich so sehr geliebt habe und die die ersten sieben Jahre im Kloster meine Zufluchtstätte war, in eine andere, nur wenige Meter von der unseres Meisters entfernt, umgezogen. Wir haben meine Habseligkeiten in großen Reissäcken transportiert. Ich bin traurig. Nicht so sehr, weil ich mein Zimmer verlassen muss – ich habe gelernt, mich von materiellen Dingen zu lösen. Nein, ich mache mir vielmehr Sorgen um meinen Meister. Jetzt habe ich eine neue Gelegenheit, ihm meine Ergebenheit zu beweisen. Seine geliebte Frau ist vor nicht sehr langer Zeit gestorben. Es bedeutet mir viel, mich in dieser Situation als nützlich erweisen zu können, aber ich weiß auch: Mit über siebzig Jahren ist er inzwischen ein alter Mann. Dabei ist er für mich noch genau derselbe, bei dem ich mich eines Tages vorgestellt habe; ich sehe ihn noch immer mit den verzückten Augen der kleinen Elfjährigen, die ich damals war.

»Ab ins Bett, morgen müssen wir wieder früh raus …«,

sage ich zu den beiden anderen, die allerdings keine Anstalten machen, sich zu erheben.

Unser Leben, das meine und das all der anderen, die in seinem Dienst sind, ist perfekt durchorganisiert. Ich stehe um halb fünf auf. Durch einen seltsamen Zufall hat ein Vögelchen die Gewohnheit angenommen, vor meinem Fenster zu schlafen. Wenn es Zeit zum Aufwachen ist, klopft es an mein Fenster. Das scheint unglaublich, aber es ist wahr. Mit meiner kleinen Kerze (wir haben inzwischen Strom, aber ich will nicht alle aufwecken) gehe ich durch die Dunkelheit zum Zimmer meines Meisters. Er meditiert bereits. Er tut fast nichts anderes mehr, seit die Krankheit seine Bewegungsfähigkeit eingeschränkt hat. Ich prüfe seinen Blutdruck und den Zuckerspiegel. Wenn ich früher auch den Anblick von Blut verabscheut habe, so denke ich heute gar nicht mehr daran; meine Bewegungen laufen automatisch ab. Den rechten Finger säubern, schnell hineinstechen, das Blut mit einem Plastikstäbchen aufnehmen, in den Apparat geben und abwarten. Dann muss ich so schnell wie möglich (dem Ergebnis entsprechend) die Spritze vorbereiten, so wie der Arzt es mir gezeigt hat. Anschließend fange ich den Urin auf, überprüfe die Farbe und messe den Unterschied zwischen dem, was er getrunken und ausgeschieden hat. Zum Abschluss werden die Tagesergebnisse in sein Krankenblatt eingetragen, damit man die Entwicklung verfolgen kann. Erst danach darf er etwas zu sich nehmen: Ich bringe ihm eine Bouillon, die ihm seine Köchin zubereitet hat. Kartoffeln, Reis und Süßigkeiten sind ihm fast vollständig verboten.

All das vollzieht sich meist ohne ein Wort im Dämmerlicht. Oft ist Andreas schon da. Ich frage mich, wann er schläft ... Er ist für unseren Meister wie ein Sohn und zugleich sein Mäzen. Ich weiß, dass er viele der Behandlungen bezahlt. Seit einiger Zeit ist auch er gealtert. Unser Meister hat sich nicht verändert, seine Gewohnheiten sind die gleichen geblieben. Er ist immer noch weise, gut, sanft, demütig und geduldig. Er sorgt sich um die anderen, lässt sich von jedem berichten. Während der abendlichen Meditation, wenn wir ihm die Füße und Hände mit ätherischen Ölen massieren, um ihn von der Last des Tages zu befreien, erzählt er uns bisweilen noch Episoden aus seiner Jugend, von seinen Reisen nach Bhutan und Lhasa oder in die entlegenen Winkel Tibets, etwa zum an der Grenze zu Nepal gelegenen Kloster Nubri. Wenn mein Meister von diesen Jugenderinnerungen spricht, ist er wie früher und sprüht vor Lebendigkeit. Ich freue mich, ihn so glücklich zu sehen.

Oft lege ich mich, nachdem ich eine Tasse tibetischen Tee getrunken habe, gegen fünf Uhr wieder hin: Genüsslich kuschle ich mich in meine weiche Decke und versuche, den sorglosen Zustand der nächtlichen Unschuld noch ein wenig zu verlängern. Solange es dunkel ist und niemand spricht, kann man so tun, als ahne man nicht, was die Zukunft für einen bereithält.

Alle schweigen. Außer Gyanatara.

»Glaubt ihr wirklich, dass er keine Angst vor dem Tod hat?«

Ich werfe meiner Freundin einen ungläubigen Blick zu. Wie kann sie so etwas fragen? Wir sprechen nie darüber, wir denken nicht einmal daran. Während der gesamten

Krankheit meines Meisters habe ich nie an den Tod gedacht, nur an eine Genesung. Für mich ist er unpässlich, und wir sind da, um ihm Erleichterung zu verschaffen, ihm zu helfen, wieder gesund zu werden. Nichts anderes. Dafür bete ich sehr viel. Mir ist klar, dass die Lage diesmal heikler ist als gewöhnlich, und ich lasse inzwischen die Vorstellung zu, dass ein neues Stadium erreicht ist und die Prüfung diesmal härter ausfällt, aber mehr nicht. Wirklich nicht. Ich nehme Gyanatara das, was sie gesagt hat, übel. Wie kann sie nur? Buddhisten fürchten den Tod nicht: Er ist die einzige Gewissheit im Leben. Er hat übrigens außerdem eine unglaubliche Fähigkeit, nämlich die, die Menschen dazu zu bringen, den Grund ihres Herzens auszuleuchten, um das Wesentliche vom Überflüssigen zu unterscheiden. Viele, die sich ihm nähern, stellen ihr Leben in Frage und geben der spirituellen Seite den Vorzug. Auch insofern ist der Tod ein Verbündeter.

»Ab ins Bett, habe ich gesagt! Morgen erwartet uns ein schöner Tag …«

Ich springe auf und eile in mein neues Zimmer, der Saum meines Gewandes fegt über die Tautropfen im Gras. In dieser Nacht habe ich Mühe, einzuschlafen. Auf der anderen Seite der Wand höre ich meinen Meister husten. Die Ärzte, teilweise sind es seine Schüler, legen einen beruhigenden Optimismus an den Tag: »kräftig« und »noch lange unter uns«, so lautet ihre Diagnose jedes Mal, wenn sie sein kleines Zimmer verlassen. Wir glauben ihnen, weil wir keine andere Wahl haben. Und weil wir es nicht anders wollen.

In meiner Erinnerung ist diese Phase wie in eine Watteschicht gehüllt. Ich erkenne darin weder Bruch noch Wende. Es ist auf jeden Fall eine Zeit des Leids. Vor allem wegen meiner Eltern. Obwohl sie gut in ihrem neuen Haus eingerichtet sind, hören sie nicht auf, sich zu streiten. Und jedes Mal rufen sie mich an. Ich habe einen sehr mäßigenden Einfluss auf meinen Vater. Also wenden sie sich bei jedem Konflikt an mich, so wie man sich an einen Rettungsring klammert, und hoffen, dass ihre Tochter sie aus dem Schlamassel ziehen und wieder Ruhe in ihre aufgewühlten Gemüter bringen wird. Ich weiß nicht mehr, wie oft ich das Kloster Hals über Kopf verlassen musste, um ihre Streitereien zu regeln. Irgendwann habe ich aufgehört zu zählen … Jedes Mal dasselbe Schema: Wegen irgendeiner Kleinigkeit verliert mein Vater die Beherrschung, gerät in Wut und reagiert sich an meiner Mutter ab. Er schlägt sie jetzt nicht mehr so oft, er zieht den psychologischen Kleinkrieg vor: Beleidigungen, Erniedrigungen, Spöttereien, zerbrochene Gegenstände. Schließlich ruft sie mich in Tränen aufgelöst an. Sobald ich da bin, beruhigt sich mein Vater. Und wenn ich drei Tage zu Hause bleibe, kommt es zu keinem Zwischenfall. In meiner Anwesenheit gibt er sich stets charmant.

Ich leide unglaublich unter dieser Situation. Und ich vertraue mich oft meinem Meister an. Ich habe den Eindruck, für zwei streitsüchtige Kinder verantwortlich zu sein, die sich zerfleischen, sobald ich ihnen den Rücken kehre. Es ist so, als wäre ich die einzige Erwachsene in dieser Familie – die, die immer weise und gelassen, gut und rational allen gegenüber reagieren muss. Das erschöpft mich. Noch dazu tratschen die Nachbarn, und ich weiß, dass unsere Familie oft Gegenstand von Geschwätz ist. Den alten Klatschbasen in unserem Viertel bieten die Schreie meiner Mutter und die Wutausbrüche meines Vaters einen idealen Gesprächsstoff. Das macht mir sehr zu schaffen. Mein Meister hört mich an und versucht, mich zu beruhigen. Er legt die Hand auf meinen Kopf und streichelt ihn sanft, voller Güte und Mitgefühl. Seine ständige Unterstützung befreit mich von einer Last, die zu schwer für mich ist. Oft liege ich zu seinen Füßen und vergieße heiße Tränen. Er tröstet mich zärtlich.

»Sag dir, dass du Glück hast, dich um sie kümmern zu können. Du bist nur eine gute Stunde von ihrem Haus entfernt, und nichts hindert dich daran, so oft hinzufahren, wie es nötig ist. Vergiss nie, dass dein Vater kein Tyrann ist, sondern ein kranker Mensch, ein Opfer seiner Emotionen.«

»Sie sind auch krank, und ich würde mich lieber mehr um Sie kümmern.«

»Du tust schon so viel, Choying, mach dir deshalb keine Sorgen, und fahr ruhig zu deinen Eltern.«

Dank meines Meisters und sicher auch meines Alters werde ich vernünftiger, obgleich ich nie den Eindruck hatte, es »geschafft« zu haben. Doch mein Verhalten ändert sich. Mir wird bewusst, dass auch ich anderen helfen kann. Mitgefühl ist eine Etappe, die Fähigkeit, andere von ihrem Leid zu befreien, eine andere. Ich bin bereit. Ich kenne mich und liebe mich jetzt, was zur Folge hat, dass ich eher in der Lage bin, andere zu lieben. Ich habe von Psychoanalyse gehört. Ich weiß nicht genau, was das ist, doch nach dem zu urteilen, was ich den Gesprächen mit meinen ausländischen Freunden entnommen habe, kommt die Arbeit, die ich mit meinem Meister absolviere, dem in etwa gleich. Indem ich mit ihm spreche und mein Verhalten, meine cholerischen wie meine euphorischen Ausbrüche, zu verstehen beginne, indem ich mich akzeptiere, wie ich bin, und versuche, dem Leid zu entgehen, zähme ich meine Seele. Ich habe aufgehört, mich mit der »Bösen« und den anderen grimmigen Nonnen zu streiten, weil das meinen Meister schmerzt, und das möchte ich nicht.

»Wie machst du das nur?«, fragt mich eines Tages Ani Anga.

Es ist ein strahlend schöner Nachmittag, und wie fast jeden Tag bin ich dabei, Englisch zu lernen. Sobald ich einen freien Augenblick habe, nehme ich mein Übungsbuch zur Hand. Ich möchte diese Sprache beherrschen, und ich bringe sie mir fast allein bei. An diesem Tag lese ich einen Fotoroman, den mir ein irischer Gast geschenkt hat. Das gefällt mir sehr, weil es um Liebe geht und ich dank der Bilder das Gefühl habe, alles zu verstehen. Ani Anga ist ganz rot vor unterdrücktem Zorn. Sie wirft sich neben mich ins Gras. Eine der Nonnen wollte ihr keinen Reis zum Kochen geben. Sie haben sich gestritten und einander unschöne Dinge an den Kopf geworfen. Meine Freundin holt sich oft Rat bei mir. Manchmal möchte ich ihr sagen, dass sie mich nicht als Vorbild nehmen soll, aber ich bin der Beweis dafür, dass man sich ändern kann. Und ich weiß, dass ich sie aufheitere, weil ich immer fröhlich und energiegeladen bin, gerne tanze und singe. Ich war nie eine besonders traditionelle Nonne!

»Wir allein sind unseres Glückes Schmied. Wir können

ein Unglück nicht verhindern oder abwenden. Doch wir können die Art wählen, wie wir diesem Ungemach begegnen. Und nur du, Ani Anga, hast diese Macht. Liebe dich, lern dich kennen, dann kommt der Rest von selbst.«

»Ich finde das so schwer …«

»Ich weiß, aber du wirst sehen, es ist eine Gewohnheit. Wenn dich jemand provoziert, musst du dich, statt dich dem Hass zu überlassen, fragen, was dir mehr bringt: Gleichgültigkeit oder Zorn. Welchen Vorteil bringt dir jede der beiden Haltungen? Du musst das Leben sehen wie ein Geschäftsmann, der einen neuen Markt erschließt. Bringt dir dieser Sektor irgendeinen Vorteil? Kannst du Profit daraus ziehen, mehr Glück finden, dir Leid ersparen? Ist die Antwort ›Nein‹, dann halt dich zurück. Das ist ganz einfach!«

Meine »Geschäftsmann-Theorie« bringt Ani Anga immer zum Lachen. Wir scherzen, aber in Wirklichkeit ist es mir völlig ernst. Ich sehe mein Leben unter einem neuen Blickwinkel. Es verläuft abgeklärter.

Aber auch wenn ich nicht daran denken will, spüre ich, dass die Gefahr zunimmt. Die Familie meines Meisters ist zu uns gezogen: seine sechs Söhne, die Enkelkinder und sogar die Schwiegertöchter. Mein Unterbewusstsein hat wohl verstanden, dass der Countdown begonnen hat. Mein Herz will es nicht glauben, doch meine Augen und Ohren bemerken die Veränderung. Nachts schlafe ich jetzt in einem kleinen Bett, das dem seinen gegenüber an der anderen Wand steht. Ich brauche wohl nicht zu erwähnen, dass mein Schlaf äußerst unruhig ist. Der Atem meines Meisters geht rasselnd; er hat Wasser in der Lunge, was ihm das Luftholen schwer macht. Ich verstehe, dass alle fürchten, er könnte sterben.

»Was sollen wir bloß mit all den Besuchern anfangen?«

Wir sitzen zu viert in meinem Zimmer: Andreas, zwei andere Nonnen und ich. Schüler, aber auch bekannte buddhistische Meister aus Nepal und aller Welt, aus Indien, Deutschland, Brasilien und sogar aus den USA sind gekommen, um Tulku Urgyen Rinpoche die Ehre zu erweisen und ihre Hochachtung zu bezeugen. Dabei raten die Ärzte von Besuchen ab, um ihn nicht zu ermüden. Die buddhistischen Meister dürfen zu ihm, aber für die anderen muss eine Lösung gefunden werden.

»Die Menschen sind von weither gekommen, um mich zu sehen. Wer bin ich, dass ich so geehrt werde und sie dann nicht einmal empfange? Ich möchte jeden kennenlernen, der die Anstrengung auf sich genommen hat, bis nach Nagi Gompa zu gelangen, um einen armen Mann wie mich zu begrüßen! Ich will sie nicht enttäuschen.«

Mein Meister kann sich nicht vorstellen, seine Zeit nicht denen zu widmen, die eine derart weite Reise unternommen haben, um ihn zu sehen. Seine Demut ist ebenso groß wie seine Güte. Bis jetzt haben wir diese Besuche gestattet und organisiert. Doch wir müssen den Anweisungen der Ärzte gehorchen. Auch wenn unser Meister unverändert scheint, müssen wir die Erkenntnisse der Medizin akzeptieren. Wir müssen den Tagesablauf unseres Meisters ändern, um zu verhindern, dass er sich überanstrengt.

»Warum lassen wir die Menschen nicht auf die Dachterrasse steigen, damit sie ihn durchs Fenster sehen können?«

Die Idee ist ganz plötzlich aus dem Nebel meines müden Gehirns aufgetaucht. Der Meditationsraum meines Meisters verfügt über eine große Fensterfront zum Tal hin, aber auch über eine Art Terrasse. Die Sonne geht genau gegenüber von Tulku Urgyen Rinpoches Bett auf. Es ist ein außerordentlicher, lichtdurchfluteter Ort. Die Sonnenstrahlen spiegeln sich in den zahlreichen Goldverzierungen der Wandteppiche und rituellen Gegenstände. Ich liebe diesen Raum sehr, doch man kann sich höchstens zu sechst darin aufhalten. Durch die Scheibe würden die Besucher ihn zumindest sehen, wenn auch nicht berühren können.

»Glaubst du wirklich, die Schüler, die von so weit hergekommen sind, wollen sich damit zufriedengeben, hinter eine Scheibe verbannt zu werden?«

Andreas hat recht, aber wir haben kaum eine andere Wahl.

Die Söhne von Tulku Urgyen Rinpoche entscheiden sich für diese Lösung. Die Prozedur ist etwas merkwürdig, denn von außen gleicht die Scheibe einem Schaufenster. Mehrmals täglich erhebt sich mein Meister und tritt vor, um sich seinen Anhängern zu zeigen. Das Schauspiel ist befremdlich, aber so können wenigstens alle zufriedengestellt werden. Ich sehe mir die Sache aus der Ferne an, und irgendwie ist es mir peinlich. Aber ich bin auch stolz, selbst wenn ich nicht so arrogant sein dürfte: Ich habe das unendliche Glück, meine Zeit an seiner Seite verbringen zu dürfen, und ich genieße jede Sekunde.

Heute ist mir klar, dass sich zu jener Zeit alle auf das Ableben von Tulku Urgyen Rinpoche vorbereitet haben. Jeder machte sich auf seine Art mit diesem Gedanken vertraut, setzte sich, allein für sich, mit seinem Tod auseinander, damit dieser möglichst wenig Schaden in seinem eigenen Leben anrichten würde. Nur ich nicht. Nicht im Geringsten. Ich bemühte mich mit Fleiß, so zu tun, als wäre nichts, als wäre all das normal, als bestünde nicht der geringste Grund zur Sorge. Deshalb war sein Tod so ein Schock für mich – eine Erdbebenwelle, die mir den Boden unter den Füßen weggerissen hat.

ALLEIN

In jener Nacht hatte ich einen Traum. Ich werde ihn nie vergessen. Noch heute ist, wenn ich ihn erzähle, die Erinnerung so wach, als würde ich ihn erneut durchleben. Ich bin bei meinen Eltern im Gebetsraum, wo man ein Bett für mich aufgestellt hat. Es ist gegen fünf Uhr früh, und ich schlafe. Ich träume, dass ich fliege. Ich stehe auf einem Berg und begreife, dass ich mich in jedes beliebige Wesen verwandeln kann. Nach kurzem Zögern beschließe ich, die Gestalt von Garuda anzunehmen; das ist ein Vogel aus der hinduistischen und buddhistischen Mythologie, halb Mensch, halb Adler. Auf Sanskrit bedeutet sein Name »geflügeltes Wort«. Ich stehe also auf dem Gipfel, und als ich mich umwende, entdecke ich Flügel an meinem Rücken, jene Flügel, auf die ich als Jugendliche bei meinen Meditationen so sehr gehofft habe. Sie sind da – prächtig, weich und weiß beben sie in der leichten Brise, bereit, mich zu tragen. Sie glänzen unglaublich und verleihen mir ein Gefühl ungeahnter Kraft. Ich fliege über Bhutan hinweg, sehe die winzigen Lichter der Häuser unter mir. Ich höre das

Rauschen des Windes, der durch meine Federn streift und mit zunehmender Geschwindigkeit ein leichtes Zischen erzeugt. Ich mache mir einen Spaß daraus, höher und tiefer zu gehen; dabei nähere ich mich den Menschen, die mit dem Finger auf mich zeigen und etwas rufen, was ich nicht verstehe. Ich weiß nicht, ob sie erschrocken oder voller Bewunderung sind. Stark fühle ich mich und unerhört glücklich. Was mich weckt, ist eine unbändige Freude; das Herz geht mir auf vor Wonne. Als ich die Augen öffne, weiß ich für einen kurzen Moment nicht, wo ich bin. Doch dann holt mich die Realität ein. Ich verbringe die Nacht bei meinen Eltern, und das Telefon, das neben meinem Bett steht, klingelt in der Nacht.

»Er ist entschlafen. Ich denke, du solltest jetzt kommen.«

Es ist die tonlose Stimme von Tsoknyi Rinpoche, einem der Söhne meines Meisters. Mein Herz ist plötzlich leer. Ohne zu reagieren, ohne mich zu rühren, den Hörer in der ausgestreckten kraftlosen Hand, sitze ich endlos lange da. Ich weiß nicht, was ich tun soll, bin unfähig zu denken. Die Türklingel im Erdgeschoss reißt mich aus meiner Benommenheit. Kurz darauf kommt meine Mutter, im Nachthemd, ins Zimmer. Chokling Rinpoche, ein anderer Sohn meines Meisters, erwartet mich im Kloster von Bodnath, um mich im Auto mit nach Nagi Gompa zu nehmen. Zwanzig Minuten später sitze ich im Jeep des Klosters, der von einem Mönch gesteuert wird. Niemand sagt ein Wort. Ich denke an das letzte Mal, als ich Tulku Urgyen Rinpoche gesehen habe. Er saß in seinem Bett. Sein Gesicht hatte wieder Farbe bekommen, und er konnte sogar etwas essen.

Er hat mich gefragt, wann endlich die kleine Nachtmütze fertig sei, die ich für ihn häkle. Wir haben gelacht, und ich erinnere mich, dass ich in diesem Moment gedacht habe, er hätte die Krankheit besiegt. Ja, ich glaubte in diesem Augenblick an seine Genesung.

Als ich zwei Stunden später mich verbeugend sein Zimmer betrete, treffe ich ihn in derselben Position an, in der ich ihn tausendmal gesehen habe: im Lotussitz, die geöffneten Hände auf den Knien, die Augen halb geschlossen. Ich trete zu ihm und nähere meine Stirn der seinen, so wie ich es immer getan habe. Doch ich weiß, dass er sich diesmal nicht zu mir vorbeugen wird, damit sich unsere Köpfe zu einem stillen Gruß berühren. Es ist vorbei. Er ist im Alter von dreiundsiebzig Jahren gestorben, am 13. Februar 1996. Dennoch lege ich instinktiv meine Hand auf die seine. Sie ist warm! Er ist nicht tot, sie haben sich geirrt! Ein dumpfer Zorn, der sich aus einer wahnwitzigen Hoffnung nährt, steigt in mir auf. Sie haben gelogen: Er lebt! Ich wende mich zu Chockling Rinpoche um, der mich mit einer gewissen Zärtlichkeit mustert.

»Ja, ich weiß, Choying … Das ist das *Thukdam*, er meditiert noch. Schhht …«

Die tibetischen Buddhisten glauben, dass sehr große Meister allein durch ihren Geist auch nach ihrem Tod in der Lage sind, weiterzuleben. Selbst wenn ihre Lunge zu atmen und ihr Herz zu schlagen aufgehört hat, ist ihre Seele noch immer aktiv. All das ist zu konfus für mich. Ich wende mich um und sehe die Mönche an, die sich neben uns versammelt haben. Sie weinen hemmungslos. Aber warum, wenn er gar nicht tot ist? Ich bin völlig verwirrt, begreife nichts mehr, mein Kopf brummt und scheint in einen Schraubstock eingespannt zu sein, der sich immer fester zusammenzieht. Ich weiß nicht einmal, ob ich Schmerz empfinde. Ein paar Tränen rinnen langsam über meine Wangen, aber sie sind eher Ausdruck der allzu starken Emotion, wie auch immer sie zu definieren sein mag, als des Kummers. Ich spüre noch immer nichts, außer einer starken Anspannung. Instinktiv erhebe ich mich und verlasse den Raum. Die Sonne geht auf, es ist kühl. Die Atmosphäre ist wie reingewaschen. Die Zeit ist gleichsam in die Länge gezogen. Die Luft erscheint mir besonders sauber. Ich denke nicht mehr.

Die folgenden Stunden verschwimmen in meiner Erinnerung zu einem Magma zusammenhangloser Szenen. Ich erinnere mich an alles, aber nur sehr diffus. Unmöglich, mir den Schmerz, die Aufregung, die Niedergeschlagenheit, die Erschöpfung vorzustellen. Das Einzige, dessen ich mir sicher bin, ist, dass ich mich einige Tage später in Kathmandu befinde, in den Straßen unseres Viertels Bodnath. Da Nagi Gompa zu schwer zu erreichen ist, wurde der Körper meines Meisters in die Stadt gebracht, damit die ganze buddhistische Gemeinde ihm die letzte Ehre erweisen kann. Der lange Trauerzug ist von einer Menschenmenge gesäumt, die *Khatas* präsentiert, Gebete murmelt und Weihrauch entzündet. Die Ergebenheit ist groß. Die Bestattungszeremonie für einen großen buddhistischen Meister wie den meinen dauert neunundvierzig Tage. Man hat seinen Leichnam im Kloster von Bodnath in einen gläsernen Sarg gelegt, an dem die Leute schweigend vorbeidefilieren, um Tulku Urgyen Rinpoche ein letztes Mal vor der Einäscherung zu sehen. Alle sind da. Bis auf meine Eltern. Vergebens kämpfe ich gegen meine Enttäuschung und meinen unendlichen Groll an. Zum Schmerz über den unermesslichen Verlust meines Meisters kommt an diesem Tag eine weitere Prüfung hinzu. In dem Augenblick, da ich sie am meisten brauche, konfrontieren mich meine Eltern mit ihrer Mittelmäßigkeit. Andächtig knie ich in einer Ecke des Totenzimmers. Ein junger Mönch von kaum zehn Jahren kommt zu mir und zieht mich sanft am Ärmel.

»Dein Bruder ist da, er will dich sprechen.«

Ich erhebe mich und sehe ihn. Er ist in Tränen aufgelöst.

»Was ist los? Warum bist du ganz alleine hier?«

»Du musst sofort kommen, Papa schlägt Mama wie ein Wahnsinniger.«

»Aber warum? Was ist geschehen?«

»Sie ist betrunken, sie trinkt schon seit gestern. Er hat sich aufgeregt und prügelt schreiend auf sie ein.«

Ich glaubte, die Grenze der Verzweiflung erreicht zu haben. Aber offenbar habe ich mich geirrt. Diese Neuigkeit trifft mich wie ein Dolchstoß. Schon seit einiger Zeit kommt meine Mutter mir irgendwie verändert vor. Ich hatte manchmal den Eindruck, dass ihre Augen eigenartig glänzten und ihre Wangen rosiger waren als sonst. Ich habe sie auch schon leicht schwanken sehen, das aber den finsteren Straßen von Bodnath zugeschrieben. Vor allem aber hat sie manchmal nach Alkohol gerochen. Wenn sie von Zeit zu Zeit ein Gläschen trinkt, finde ich das nicht weiter schlimm. Aber dass sie sich regelrecht betrinkt wie eine Alkoholikerin, verursacht mir einen Kummer, den ich mir gerne erspart hätte. Zuerst denke ich daran, meinen Bruder zu begleiten, um bei uns zu Hause für Ruhe zu sorgen. Doch dann überlege ich es mir anders. Nein. Ihr Theater geht mir wirklich langsam auf die Nerven. Ich bin es leid, die Verständnisvolle zu sein, die alles verzeiht und vergisst. Ich gebe auf. Im Augenblick bin ich zu angeschlagen für so etwas. Man kann die Menschen nicht zu ihrem Glück zwingen, wenn sie sich widerstandslos einer Kraft überlassen, die sie niederzieht. Ich habe wirklich nach bestem Wissen und Gewissen alles versucht. Ich hätte ihre Schwächen gern übersehen, meine Eltern mit ihren Grenzen akzeptiert. Aber ich bin keine Heilige. Und jetzt, da mein Meister tot ist, er, der mich all die Jahre geleitet, mich zum Licht geführt hat, weiß ich nicht, wo ich das nötige Mitgefühl und die Liebe schöpfen soll, um ihnen noch einmal zu verzeihen. Man muss egoistisch, blind oder völlig beschränkt sein, um nicht zu begreifen, dass ich heute Ruhe brauche! Ich gebe alles, um sie glücklich zu machen, ich schenke ihnen bedingungslose Liebe, unterstützte sie moralisch und materiell, doch in Wirklichkeit ist all das völlig sinnlos. Genauso gut könnte man einen Sandhaufen gießen. Sie brechen mir das Herz. Sie behaupten, mich zu lieben, doch im Grunde bin ich ihnen vollkommen gleichgültig. Sie glauben sicher, sie wären die einzigen, die leiden. Können sie sich denn nicht vorstellen, dass ich anderes zu tun habe, als mich um sie zu kümmern und mir Sorgen um sie zu machen? Ich gebe auf. Wenn ich an all die Zeit denke, die ich ihnen gewidmet habe und die ich an der Seite meines Meisters hätte verbringen können, der mich wirklich geliebt hat … Die Wut erstickt mich.

»Geh, lauf nach Hause, sag den Eltern, dass sie nicht auf mich zu warten brauchen, nie wieder. Ich bin es leid! Ich will meine Zeit nicht mehr für sie vergeuden, das ist vorbei. Sag ihnen, dass sie ihre wunderbare Liebe behalten können. Ich will sie nicht!«

Mein Bruder starrt mich verblüfft an. Er weicht zurück, ohne mich aus den Augen zu lassen, dreht sich dann auf dem Absatz um und rennt davon. Plötzlich erschöpft, lasse ich mich zu Boden sinken. Die Gespräche sind verstummt, alle Blicke sind auf mich gerichtet. Ich hasse es, mich so zur Schau zu stellen, noch dazu an einem solchen Tag, an dem die gesamte tibetische Gemeinschaft vereint ist. Um die Aufmerksamkeit von mir abzulenken, knie ich nieder und versuche zu beten. Den Kopf zwischen den Armen, bemühe ich mich, meine innere Ruhe wiederzufinden. Wie sehr ich meinen Meister in diesem Augenblick brauche! Ich werde in das erstbeste Taxi steigen und nach Nagi Gompa zu ihm fahren … Dieser völlig absurde Reflex war schneller als mein Verstand. Seit meinem dreizehnten Lebensjahr bin ich daran gewöhnt, mich in Momenten des Zweifels und der Schwierigkeiten an meinen Meister zu wenden. Heute mache ich die schwerste Prüfung durch: Ich muss lernen, ohne ihn fertig zu werden. Wird es mir gelingen? Mir wird bewusst, wie sehr mir Tulku Urgyen Rinpoche schon jetzt fehlt. Wie sehr er mich stets begleitet hat, selbst wenn wir getrennt waren. Jedes Mal, wenn ich eine weite Reise antrat, nach Singapur etwa, verabschiedete ich mich von ihm. Er ergriff meine

Hand, sah mir in die Augen und sagte: »Du musst wissen und darfst nie vergessen, dass ich immer da bin, um dich zu beschützen …« Ein tibetisches Sprichwort sagt: »Ein Mönch, der so groß ist wie ein Daumen, hat ebenso viel Kraft wie ein Yak …« Ja, seine Kraft war unendlich, das habe ich immer gewusst. Solange er am Leben war, habe ich mich nie allein gefühlt. Ich wusste, dass er mich in seine Gebete einschloss, dass mir dank seines Beistands nichts zustoßen konnte. Doch nun bin ich äußerst zerbrechlich. Ich bin allein gegenüber der Welt, den Menschen und mir selbst. Ich weiß wohl, dass ich immer durch seinen Geist gesegnet bin, aber ich muss auch lernen, mich um mich selbst zu kümmern.

Nach neunundvierzig Tagen findet im Kloster von Bodnath die Einäscherung statt. Drei Tage später versammeln wir – das heißt einige Mönche, buddhistische Meister und ich – uns in dem Stupa, in dem sein Leichnam verbrannt wurde. Wir sollen die Asche abholen. Einer der Meister öffnet vorsichtig die Tür des Ofens. Ich halte die Luft an. Inmitten eines Häufchens grauer Asche liegt gerade ausgerichtet ein Schädel. Die leeren Augenhöhlen scheinen mich anzustarren. Ich zucke zurück. Der Schädel meines Meisters ist nicht verbrannt. Ein Frösteln überkommt mich, und ich spüre, wie trotz der Hitze kalter Schweiß über meinen Rücken rinnt. In diesem Augenblick kollabiere ich. Lange unterdrückte Schluchzer brechen aus mir heraus, so als wäre ein Damm gebrochen. Ich weine wie nie zuvor in meinem Leben. Ich schreie meine Verzweiflung, meine Angst, meine Befürchtungen, meine Enttäuschung heraus, alles vermischt sich … Erst jetzt begreife ich, dass mein Meister tot ist. »Du bist allein, du bist allein …« Ich kann an nichts anderes mehr denken. Ich fühle mich verlassen wie ein Kind, das seine Mutter in der Menge verloren hat und panisch nach einem bekannten Gesicht sucht, nach einer mitleidigen Hand, die ihm bedeutet: »Fürchte dich nicht, ich bin da.« Aber niemand kommt.

Als ich mit aufgekratzten Wangen, geschwollenen Augen und vom Weinen ausgetrocknet aus meiner Benommenheit aufwache, sind alle gegangen. Eine mitleidige Seele hat daran gedacht, in einer Ecke des Raums eine kleine Kerze anzuzünden. Die Tür zum Verbrennungsofen ist geschlossen und mit einem gestickten Tuch verhängt. Ich fröstle. Mein Hemd ist feucht und eiskalt; ich muss viel geschwitzt haben. Ich knie mich hin und stütze mich mit unendlicher Anstrengung auf meine Oberschenkel. Mein ganzer Körper tut weh wie nach einem Kampf. Meine Seele ist benommen von Schmerz und Agonie. In diesem Moment, da ich am meisten all meiner Fähigkeiten – der körperlichen wie der geistigen – bedarf, funktioniere ich im Zeitlupentempo. Ich versuche zu überlegen, aber mein Gehirn ist wie ein Sack Erde. Ich fühle mich unglaublich schwer. Noch nie in meinem ganzen Leben war ich so unglücklich. Und so einsam. Es ist Nacht geworden, und ich gehe zu meinem Zimmer, das mir ein befreundeter Mönch während der Feierlichkeiten im Kloster von Bodnath überlassen hat. Ich bekomme nicht mehr mit, wie ich mich durch die Straßen schleppe. Meine Beine tragen mich, der Rest bricht zusammen.

Dieser Tag war einer der traurigsten meines Lebens, und ich habe starke Vorbehalte, darüber zu sprechen. Ich weiß auch nicht, wie das gehen soll. Eigentlich will ich es auch gar nicht. Kein Wort ist passend. Und selbst wenn die meisten Menschen schon einmal mit dem Verlust eines geliebten Menschen konfrontiert waren, kann doch niemand den Schmerz teilen. Trauer ist eine Erfahrung von Einsamkeit.

NEUSTART

Ein Floh krabbelt meinen Arm hinauf, und ich widerstehe der Versuchung, ihn zu töten. Meine Beine sind schon völlig verschorft, ich kratze immer wieder an den kleinen roten Quaddeln, die diese grässlichen Tiere hinterlassen. Wenn ich nichts unternehme, wird er mich gleich beißen. Ich fange ihn vorsichtig ein und setze ihn mit einem heroischen Gefühl am Boden ab. Buddhist zu sein, verlangt bisweilen eine unglaubliche Selbstkontrolle.

Ich liege auf meinem Bett und träume vor mich hin. Ich bin bei meinen Eltern, in einem Zimmer, das sie für mich eingerichtet haben. Schließlich habe ich ihren flehentlichen Bitten nachgegeben und bin zu ihnen zurückgekehrt. Während meines kurzen Aufenthalts im Kloster von Bodnath haben sie mich gelegentlich besucht. Mal meine Mutter, mal mein Vater oder mein Onkel, dann beide Elternteile zusammen. Und stets Entschuldigungen, Tränen und Ausflüchte. Nichts, was meinen Entschluss hätte erschüttern können. Ich wusste, dass in der Stadt einige unserer Bekannten anfingen zu tratschen, aber das war mir egal: Ich wollte nicht zurück zu ihnen. Der einzige Mensch, der mich aufrichtig geliebt hatte, war tot. Was waren die Eltern unter diesen Umständen wert? Ich wollte auch nicht mehr nach Nagi Gompa. Ich hätte nicht die Kraft gehabt, der »Bösen« die Stirn zu bieten.

Im Kloster von Bodnath befand ich mich in einem angenehmen Zwischenstadium, fern von der Realität des Lebens. Ich schlief, ich betete, ich sprach sehr wenig; man stellte mir keine Fragen und verlangte nichts von mir. Eines Tages, als meine Eltern wieder zu Besuch kamen, trat ich ihnen entgegen, überdrüssig und entschlossen, mir ihre Entschuldigungen nicht mehr länger anzuhören. Meine Mutter saß in ihrem traditionellen Gewand neben meinem Vater und rang nervös die Hände. Sie warf mir einen verschüchterten Blick zu wie ein ängstliches Tier, und ihre Augen waren tränengefüllt. Auch mein Vater sah furchtbar aus.

»Choying, komm bitte nach Hause, leb wieder mit uns. Ich möchte mich um dich kümmern … Ich flehe dich an! Ich verspreche dir, nie mehr zu trinken. Ich verspreche es dir, hörst du?«

»Und ich verspreche dir, deine Mutter nie wieder zu schlagen. Ich weiß gar nicht, wie ich das wiedergutmachen soll … Es kommt nie mehr vor, du wirst sehen …«

Die Hartnäckigkeit, mit der sie mich nach Hause holen wollten, rührte mich. Es sind meine Eltern, und ich hätte sie nie für immer ignorieren und auch nicht diesen brodelnden Zorn gegen sie in mir behalten können. Ich beschloss, ihnen noch eine Chance zu geben und meiner Mutter zu vertrauen. Und ich habe gut daran getan: Sie hat

Wort gehalten. Eine leise Stimme in meinem tiefsten Herzen aber flüsterte mir den Rat zu, meinem Vater nicht zu glauben. Ich kämpfte, um sie zum Schweigen zu bringen. Erfolglos. Und mein Instinkt täuschte mich nicht, die Zukunft sollte mir den Beweis liefern …

Also bin ich einige Monate nach dem Tod meines Meisters wieder zu meinen Eltern gezogen. Ich befinde mich in einem Dämmerzustand, und das Leben gleitet an mir vorbei. Ich helfe meinen Eltern, so gut ich kann: Ich koche, wasche, räume auf, kümmere mich um alles. Das kann ich noch am besten … Doch sobald die Hausarbeit erledigt ist, sinke ich auf mein Bett oder aufs Sofa, mein Kopf ist leer. Nichts interessiert mich. Ich esse ohne Appetit und Lust, und das auch nur, weil ich muss. Ich ziehe das erstbeste Kleidungsstück an, das mir in die Hände fällt und sauber ist. Es ist mir egal. Nichts ist für mich mehr von Bedeutung.

»Mein Liebes, wie siehst du nur aus, was ist los mit dir? Du bist plötzlich gealtert, schau dich doch im Spiegel an … Was ist aus meiner hübschen kleinen Lieblingsnonne geworden?«

Andreas ist zu Besuch gekommen, und ich begreife, dass Freundschaft bei ihm keine mitleidigen Lügen zulässt. Manchmal wünschte ich, er wäre etwas heuchlerischer … Habe ich ihm etwa erzählt, dass sein Spitzname »Nareng« ist, was »Nase« bedeutet, weil er einen wahren Zinken im Gesicht hat? Seit dem Tod meines Meisters lebt auch er in Kathmandu. Wir haben uns oft gesehen, aber noch nie hat er mein Aussehen kritisiert. Lasse ich mich so sehr gehen? Ich beschließe, ihm nicht zu antworten. Doch das scheint ihn nicht zu beeindrucken, denn er fährt fort:

»Choying, du musst etwas unternehmen. Ich fahre nächsten Monat in Urlaub nach Deutschland; du solltest mich begleiten, um auf andere Gedanken zu kommen. Und es wird uns guttun, einige Zeit zusammen zu verbringen. Komm mit, vertrau mir.«

Einige Wochen später fliege ich nach Deutschland. Dieser Aufenthalt zwingt mich, wieder auf die Beine zu kommen. Bei den langen Spaziergängen in der Natur, den freundschaftlichen Gesprächen, dem guten Essen und den Einkäufen erhole ich mich langsam. Das wurde auch Zeit. Ich weiß nicht, ob ich wirklich von einer Depression sprechen kann, aber ich war nicht mehr ich selbst. Nachdem ich immer aktiv und auf alles Neue gespannt gewesen war, hatte ich plötzlich an nichts mehr Freude. Als ich schließlich nach Nepal zurückkehre, geht es mir besser. Ich schmiede wieder Pläne. Und den wichtigsten will ich jetzt sofort umsetzen: Auto fahren lernen.

Ja, ein Wagen trägt wesentlich zu meinem Neustart bei! Ich habe immer Autos geliebt, am meisten Jeeps. Sicherlich, weil ich meine erste Reise nach Nagi Gompa auf dem Rücksitz des kleinen grünen Jeeps von Sonum Gyurmey, dem jungen Mönch, zurückgelegt habe. Ich will fahren lernen – nicht weil es nötig wäre, sondern weil ich mich von den anderen abheben möchte. Ich will etwas Auffälliges, Ungewöhnliches tun. Ich bin eine Frau und noch dazu eine Nonne, und trotzdem werde ich einen Wagen steuern! Man kann das als Provokation werten, aber ich glaube, vor allem will ich mich behaupten, will leben.

Bis jetzt gibt es in Nepal keine Fahrschulen wie im Westen. Jeder sieht zu, wo er lernen kann. Ich wende mich an einen Taxifahrer, den ich kenne. Aber ganz offensichtlich bin ich nicht irgendjemand. Die Reaktionen lassen nicht auf sich warten.

»Weißt du, dass das ganze Viertel über dich tratscht?«

Meine Mutter kommt vom Einkaufen nach Hause und verbirgt ihre Belustigung nicht. Einige meiner Freundinnen haben mich in einem Taxi gesehen – auf dem Fahrersitz. Offenbar konnten sie es nicht fassen. Zehn Tage lang spielt der Taxifahrer gegen eine kleine Bezahlung Fahrlehrer. Die Passanten sehen uns verblüfft nach. Eine Nonne am Steuer, das hat es hier noch nie gegeben! Ich weiß, dass das viele erstaunt, aber ich war 1996 die erste Nonne in Nepal, die einen Wagen lenken konnte. Einmal ist immer das erste Mal, und dass ich in diesem Fall Pionier spiele, stört mich nicht, im Gegenteil. Das Gerede ist mir egal. Wer kann behaupten, unabhängig zu sein, wenn er, um an einen anderen Ort zu gelangen, jedes Mal auf die Hilfe anderer angewiesen ist?

Ich erwerbe einen schwarzen Suzuki-Jeep, ein Prachtstück, klein und stark wie ich. Eine Malaysierin hat ihn mir zu einem guten Preis verkauft. Ich fahre und lasse in meinem Kielwasser Verwunderung und Neugier zurück – und bei den konservativen Mönchen wohl auch eine gewisse Sympathie. Ich bin stolz wie ein Kind! Das Schwierigste am Anfang ist das Anfahren am Berg. Das Einparken auch, denn in Kathmandu gibt es keine Parkplätze wie in Europa oder den Vereinigten Staaten. Man muss sich zwischen einen Karren, eine Kuh und ein altes Motorrad zwängen, manchmal im Schlamm oder mitten in der Kurve, wobei einen die halbe Straße schreiend einwinken will und einer dem anderen widerspricht … Das Fahren in Nepal unterliegt wilden Gesetzen, was eine perfekte Beherrschung des Lenkrads erfordert. Und viel Geduld! Die erste dieser Qualitäten besitze ich – ich schlängle mich mit Geschick durch –, die zweite wohl weniger, wie ich gestehen muss. Die Leichtfertigkeit, mit der die Fußgänger die Straße überqueren, als gehörte sie ihnen, die Radfahrer, die die Spur wechseln, ohne sich umzuschauen, die Mopeds, auf deren durchgesessenem Sattel drei bis vier Personen hocken, sodass es jeden Augenblick umzukippen droht, bringen mich in Rage. Und dann gelingt es mir doch immer wieder, mich in den Griff zu bekommen: Schließlich lohnt es sich nicht, wütend zu werden und sich die gute Laune verderben zu lassen, nur wegen ein paar Unbekannter, die nicht einmal wissen, dass man existiert, und noch weniger, dass sie einen ärgern. Und denen das, wenn sie es wüssten, völlig gleichgültig wäre.

Eines Tages fahre ich mit meinem Wagen zum Kloster hinauf. Auch wenn ich nicht mehr viel Zeit dort verbringe, sehe ich Nagi Gompa doch als mein Zuhause an, und ich besuche regelmäßig meine liebsten Freundinnen. Mein auf dem Plateau geparkter Suzuki löst jedes Mal gehässige Kommentare aus. Die »Böse« gibt sich mir gegenüber keine Mühe mehr. Sie weiß sehr wohl, dass ich keinen Beschützer mehr habe. Nicht, dass ich einen brauchen würde: Ich weiß mich bestens allein zu verteidigen. An diesem Tag aber wird mir bewusst, dass ich diese Atmosphäre, in der sich Bosheit mit Neid mischt, nicht mehr ertrage. Rein psychisch erschöpft mich das. Selbst wenn sie mir leidtut, fühle ich mich durch ihre Engstirnigkeit mit Häme besudelt, ich brauche eine positivere Umgebung. Hier falle ich aus dem Rahmen. Ich weiß nicht mehr, wo mein Platz wirklich ist. Manchmal habe ich das Gefühl, meine Zeit zu vergeuden. Ich denke, woanders wäre ich nützlicher. Und genau das möchte ich: mich nützlich machen, nicht mich sinnlos streiten. Plötzlich nimmt die Vorstellung klare Gestalt an: Ich muss von hier weg. Meine Zukunft ist nicht mehr hier. Solange mein Meister da war, war mein Leben an seiner Seite. Seit er vor nunmehr fast einem Jahr verstorben ist, befinde ich mich in einem Schwebezustand, und das kann so nicht weitergehen. Ich bin jetzt sechsundzwanzig Jahre alt und warte auf einen Neubeginn. Also verlasse ich nach über zwölf Jahren plötzlich das Kloster. Zwölf Jahre, fast die Hälfte meines Lebens … Ich lade meine wenigen Habseligkeiten in meinen Jeep und fahre los. Traurig, gewiss, aber auch sicher, meinem Schicksalsweg zu folgen. Ich weiß, dass ich für immer mit Nagi Gompa verbunden bin, freilich ohne dort leben zu müssen, denn dieses Eckchen vom Paradies wird immer einen Platz in meinem Herzen und meiner Seele haben.

Mein Auto hat mir im wahrsten Sinne des Wortes neue Wege geöffnet. Ich habe den Eindruck, mein Leben endlich selbst zu bestimmen. Ich kann einen Wagen lenken und in jeder Hinsicht auch mein Geschick. Nachdem ich so lange den Wünschen anderer gehorcht habe, spüre ich, dass es an der Zeit ist, mein Schicksal in die Hand zu nehmen. Ich will meinem Dasein und meinem Tun einen Sinn, einen Wert geben. Über lange Jahre habe ich die Wunden aus meiner Kindheit pflegen müssen. Heute weiß ich, dass ich geheilt bin. Fortan muss ich weitergeben, was das Leben mir geschenkt hat. Ich fühle mich in der Lage, anderen Gutes zu tun, nicht nur meinen Eltern, sondern all denen, die bedürftig sind. Das werde ich weiterhin auf meine eigene Weise tun, auch wenn es einigen nicht gefällt. Denn in einem Punkt bin ich mir sicher: Es ist Zeit, sich der Welt zu stellen.

AUF TOURNEE

Steve hat also Wort gehalten ... Ich sitze auf dem Bett in meinem Zimmer im elterlichen Haus. Ein rundum mit braunem Klebeband verschnürtes Päckchen liegt jetzt geöffnet auf meinem Schoß, und ich starre ungläubig auf die CD in meiner Hand. Meine CD. Die erste einer langen Serie. In der rechten Ecke der Hülle ist ein Foto, ein hübsches, leicht verschwommenes Foto, auf dem ich nicht ins Objektiv sehe, so als würde mich das alles gar nichts angehen. Und tatsächlich bin ich ein wenig ratlos, denn obwohl ich mich natürlich über diese Platte – der Titel ist *Chö* – freue, löst sie doch keine wahren Begeisterungsstürme aus, da sie eher zufällig, fast ohne mein Zutun entstanden ist.

Drei Jahre zuvor hatte mich Andreas einem Musiker vorgestellt, der auf der Durchreise im Kloster war. Steve Tibbetts ist Amerikaner und lebt in Minneapolis. Er ist groß, hager und hat verträumte Augen. Er trägt eine winzige Brille, und seine braune Lockenmähne lässt ihn wie den ewigen Jüngling erscheinen, obwohl er schon auf die vierzig zugeht. Seine einzigen Gepäckstücke waren eine kleine schwarze Tasche und eine Gitarre in einer Lederhülle, die er wie einen Auswuchs seines Körpers auf dem Rücken trug. Andreas flüsterte mir zu, dass Steve Musiker sei und schon sechs Alben aufgenommen habe. Im Gespräch über Musik freundeten wir uns an. Seine Vorlieben sind sehr vielfältig: Rock, Jazz und vor allem Folklore aus der ganzen Welt. Er gestand mir, er sei in Töne verliebt, Töne verschiedenster Art. Aus Bali, wo er viele Klänge aufgenommen hatte, brachte er Instrumente mit, die ihn besonders inspirierten. Und ich hörte zu, wie er von seiner Leidenschaft erzählte und den vielen Ländern, die er schon bereist hatte, bis Andreas eines Tages mit einem stolzen Lächeln verkündete:

»Du musst dir unbedingt Ani Choyings Stimme anhören!«

Und so kam es, dass ich eines Morgens in Andreas' Garten für Steve gesungen habe. Singen beruhigt mich enorm. Ich tue es nicht der Kunst wegen, sondern nur, um besser beten zu können. Bis ans Ende seines Lebens hat mich mein Meister in diesem Sinne bestärkt. In den letzten Wochen, bevor er entschlafen ist, habe ich Mantras für ihn gesungen, und wir haben gemeinsam gebetet. Seitdem er nicht mehr da ist, fühle ich mich ihm näher, wenn ich singe. Noch heute ist jeder meiner Refrains ihm gewidmet, denn in jedem steckt etwas von ihm. Steve saß mit leuchtenden Augen und fast angehaltenem Atem da, und er lauschte mir andächtig, wobei er den Kopf sanft hin und her wiegte. Man hätte meinen können, er hätte noch nie zuvor Mantras gehört.

»Ani, du lässt mich seit Tagen von meiner Musik erzählen und hast mir dein Talent verschwiegen! Hat dir schon mal jemand gesagt, dass du eine außergewöhnliche Stimme hast?«

»Danke! Aber das Kompliment kann ich nicht ernst nehmen … Jeder singt hier, ich bin nicht die Einzige …«

»Mag sein, aber glaube mir, du hast etwas Besonderes, das spüre ich. Wenn du nichts dagegen hast, würde ich gern deine Stimme aufnehmen.«

Ich habe ohne Weiteres zugestimmt, zumal ich zu Übungszwecken, und um mich zu verbessern, selbst schon mit einem kleinen Kassettenrekorder dasselbe getan hatte. In Andreas' Zimmer fanden dann mehrere Aufnahmesitzungen statt, als wäre es nur ein Spiel. Und so ist Steve Tibbetts mit meiner Stimme auf einem Tonband in seine Heimat zurückgeflogen. Ich war zufrieden, denn er schien richtig glücklich.

Monate später erhielt ich eine Hörkassette aus den USA, begleitet von einer kurzen Mitteilung: »Sag mir, was Du davon hältst: Ich habe Deine Stimme einem amerikanischen Produzenten vorgespielt, und er möchte eine Platte mit Dir machen. Ich komme in einem Monat zu Dir, und wenn Du einverstanden bist, kann's gleich losgehen.« – Was ich davon hielt? Nicht viel, um ehrlich zu sein … Ich hatte diese Episode sogar fast vergessen. Es war die Zeit gewesen, als mein Meister krank wurde und meine Eltern sich unentwegt stritten … Ich hatte andere Sorgen als eine CD aufzunehmen! Trotzdem legte ich die Kassette noch am selben Abend in meinen kleinen Rekorder. Steve hatte meine Stimme mit seiner Gitarre und Schlaginstrumenten gemischt. Das Resultat hat mich angenehm überrascht. Ich hatte mich noch nie von einem Instrument begleitet gehört. Und instinktiv, ohne zu wissen warum, bin ich zu meinem Meister gegangen, um seine Reaktion zu sehen und seinen Rat einzuholen. Und er hat keinen Augenblick gezögert.

»Mach es, unbedingt! Ob das Publikum buddhistisch ist oder nicht, spielt keine Rolle. Doch, es ist eine gute Sache, wenn diese spirituellen Lieder von möglichst vielen Menschen gehört werden.«

So kam der Prozess in Gang, und wenige Monate später war Steve wieder in Nagi Gompa. Jeden Tag, meist um die Mittagszeit, verbrachte ich eine oder zwei Stunden in Andreas' Zimmer, um zu arbeiten. Vor jeder Sitzung wärmte ich meine Stimme bei meinem Meister auf, sodass er an meinem Gesang teilhatte. Anschließend kehrte ich zu ihm zurück, um ihn auf dem Laufenden zu halten. Seine Kommentare gaben mir Selbstvertrauen, mehr als alle CDs der Welt. »Du wirst immer besser«, sagte er eines Tages zu mir. Dieses Kompliment habe ich nicht nur geglaubt, sondern es darüber hinaus als Motivation betrachtet weiterzumachen. So kehrte Steve nach mehreren Wochen mit etlichen Aufnahmen und voller Zuversicht in sein Land zurück. Er schien sehr zufrieden und gab mir am letzten Tag zweitausend US-Dollar – ein wahres Vermögen. Voller Stolz wollte ich es meinem Meister schenken.

»Behalte dieses Geld, Choying, du wirst es noch brauchen. Und zwar sehr viel mehr als ich … Danke, meine Kleine, du bist ein gutes Kind …«

»Aber es ist doch nur Ihnen zu verdanken, dass ich

dieses Geld verdient habe. Sie waren es, der mir Mut gemacht und mich motiviert hat!«

»Nein, du hast es selbst bewirkt. Hör zu, behalte es zunächst einmal; später sehen wir weiter.«

Später … Mein Meister wusste genau, was dieses »Später« für ihn bereithielt. Nach seinem Tod habe ich symbolisch eintausend Dollar für die Bestattungszeremonie zu seinen Ehren gespendet. Mit dem Rest habe ich einen hübschen Garten in Nagi Gompa anlegen lassen.

Das ist auch der Grund, weshalb ich mich, als diese CD 1997 per Post bei mir eintrifft, nicht wirklich angesprochen fühle. All das scheint so weit zurückzuliegen … Die Erinnerung an diese Aufnahmen löst bei mir tiefe Sehnsucht nach der gesegneten Zeit aus, als mein Meister noch da war, um mir zuzuhören. Für ihn wollte ich singen. Auch dieses Mal liegt der CD eine kleine Nachricht bei. »Möchtest Du hier in den USA mit mir auf Tournee gehen?« Ich überlege nicht lange. Selbst wenn mich diese Aussicht ein wenig ängstigt, scheint sie mir äußerst verlockend zu sein. Das ist eine Chance, die ich nutzen muss, das spüre ich … Und obwohl ich inzwischen weit gereist bin – nach Taiwan, Hongkong, Singapur, selbst nach Europa –, war ich noch nie in den Vereinigten Staaten. Allein deshalb werde ich das Angebot annehmen …

Mehrere Monate vergehen, bis Steve Tibbetts sich erneut meldet. Er ruft mich eines Tages an:

»Es läuft, Ani!«

»Wovon sprichst du?«

»Wir gehen auf Tournee. Mein Produzent hat alles organisiert, er hat schon um die zwanzig Termine quer durch die Staaten festgemacht … Wir können in drei Wochen starten. Du bringst zwei Nonnen deiner Wahl mit, wir proben zwei Wochen bei mir in Minneapolis … und dann … *On the road!*«

Und so läuft es dann tatsächlich … Einfach so. Steve hätte gerne vier Nonnen für den Chor gehabt, doch dazu reicht sein Budget nicht aus. Also sind es nur zwei, die ich auswählen muss. Ich brauche die Genehmigung von Chökyi Nyima Rinpoche, einem der Söhne meines Meisters, aber auch die Gewissheit, dass er wirklich hinter dieser außergewöhnlichen Reise steht. Auch er ist ein Lama, ein hoch angesehener buddhistischer Meister. Wie erwartet, ist er begeistert. Alles, was dazu dient, die buddhistische Kultur in die Welt zu tragen, ist eine Chance, die man ergreifen muss.

Sita, eine gute Freundin, ist weniger leicht zu überzeugen. Durch ihre ovale Brille mit den ewig schmutzigen Gläsern sieht sie mich ungläubig an. Bei dem Vorschlag, den ich ihr unterbreite, verschlägt es ihr buchstäblich die Sprache. Ich habe sie noch nie so verängstigt gesehen. Sie, die sonst von früh bis spät lacht, hat ihr hübsches Lächeln verloren.

»Nein, nein, ich will nicht, das ist unmöglich. Ich bleibe hier. Aber fahr du nur …«

»Nein, Sita, ich will das Projekt mit dir zusammen machen. Das ist eine unglaubliche Gelegenheit, die wir uns nicht entgehen lassen dürfen! Außerdem ist es jetzt zu spät; ich habe Steve schon gesagt, dass du mit von der Partie bist.«

Sitas Augen weiten sich angsterfüllt. Ihre Finger spielen mechanisch mit dem Talisman, den sie um den Hals trägt. Um nichts in der Welt würde ich es zugeben, doch auch mein Magen ist zusammengeschnürt wie ein ausgewrungener Putzlappen. Der Schmerz ist so stark, dass ich mich am liebsten krümmen würde, um mich zu beruhigen. Aber ich beiße die Zähne zusammen und setze, so gut ich kann, eine heitere Miene auf. Ich habe bereits die Zustimmung einer anderen Nonne, Sonan Wangmo, die begeistert ist von dem Abenteuer. Sita hat Kathmandu nie verlassen. Hinter ihrem lauten Lachen verbergen sich große Schüchternheit und Demut. Ich kann sie schließlich überreden, indem ich ihr versichere, dass wir sie keinen Augenblick allein lassen werden.

An einem Oktobermorgen 1998 landen wir in Minneapolis. Das Laub der Bäume leuchtet in den schönsten Rot- und Orangetönen. Es ist sehr frisch, doch wir sind so glücklich, dass unsere Wangen vor Aufregung gerötet sind. Für mich ist Reisen fast zur Gewohnheit geworden. Aber meine Freundinnen kommen aus dem Staunen nicht heraus. Die ersten neun Tage bleiben wir in Minneapolis. Wir müssen proben und jeden Morgen Steves behagliches, lebhaftes Haus verlassen: Die Frau unseres Freundes hat gerade Drillinge bekommen, die sie natürlich völlig in Anspruch nehmen. Auf dem Weg ins Studio machen meine Freundinnen große Augen. Die Straßen sind menschenleer. In Nepal wimmelt es in den Städten nur so von Leuten, und selbst das restliche Land ist dicht bevölkert. Hier begegnen wir nur Autos. Die Industriezonen sind riesig und wie ausgestorben.

»Ich verstehe das nicht«, meint Sonam Wangmo eines Morgens. »Wo sind denn die Amerikaner?«

Steve bricht in Lachen aus.

»Sie sind zu Hause! Es ist zu kalt, sie bleiben daheim …«

Um ehrlich zu sein – in den ersten Tagen langweilen wir uns ein wenig. Nur für die Proben verlassen wir das Haus. Steve versucht, so gut es geht, seiner Frau zu helfen, während er sich gleichzeitig um uns kümmert. Wir essen jeden Tag Tiefkühlkost. Sonam Wangmo und Sita sind fassungslos: Wir hatten so etwas noch nie gesehen und konnten uns nicht vorstellen, dass die Leute immer nur sonderbare gefrorene Gerichte essen … Die Stimmung beginnt sich etwas zu lockern, als wir Steve überreden können, uns mit in den Supermarkt zu nehmen. Wir müssen uns korrekt ernähren. Ich kenne das schon von Singapur her; für meine Freundinnen aber ist es das erste Mal. Sie laufen ungläubig durch die Gänge, nehmen alle möglichen Produkte in die Hand und füllen lachend unseren Einkaufswagen. An diesem Abend bereitet uns Sita – sie ist eine exzellente Köchin – ein Festessen zu, das uns alle, einschließlich Steve und seine Frau, glücklich macht. Und satt.

Schließlich fängt die Tournee selbst an. Anstrengend natürlich, aber ein großes Erlebnis. Wir beginnen in New York, das uns begeistert: endlich Menschenmengen in den Straßen … Es gibt sie also doch, die Amerikaner! Innerhalb eines Monats geben wir mehr als zwanzig Konzerte. Wir verbringen unendlich viel Zeit auf der Straße, einmal siebenundzwanzig Stunden am Stück in unserem Minibus, um von Massachusetts bis Minnesota zu fahren. Unser Team besteht aus sechs Personen – wir drei Nepalesinnen, Steve, Marc Anderson, ein langjähriger Freund, Schlagzeuger und Liebhaber experimenteller Musik, sowie Cody, Marcs Bruder. Die meiste Zeit schlafen wir in Hotels oder Motels. Steve und Marc sprechen viel über ihre Musik. Wir, die Nonnen, entdecken, manchmal etwas befremdet, was für ein seltsames Land Amerika ist. Meine Freundinnen sind beeindruckt: die Autobahnen, die Restaurants, die Beleuchtung, die Zuschauer, die uns mit ihren runden Augen anstarren, fasziniert von unseren bordeauxroten Gewändern, unseren nackten Armen und rasierten Schädeln ... Sita und Sonam Wangmo mustern sie mindestens genauso neugierig: Das ist das Phänomen, das man »Kulturschock« nennt.

Wir spielen überall, in Kirchen, Konzertsälen, Kulturhäusern, auf Musikfestivals. Unser Publikum besteht aus ganz verschiedenen Menschen: Junge, Alte, Buddhisten, Katholiken, Protestanten. Im Gegensatz zu Steve, der von Haus aus nervös ist, habe ich nie Lampenfieber. Nachdem ich mich einmal entschieden habe, verläuft die Tournee für mich völlig stressfrei. Ich singe, wie ich es immer tue, mit derselben Hingabe wie sonst, im Lotussitz auf einem kleinen Podium hockend, meine Gebetbücher auf einem niedrigen Tischchen aufgeschlagen, die Augen geschlossen. Schwer ist es (zunächst), in Begleitung der Musiker zu singen, weil ich das nicht kenne. Es kommt vor, dass ich den Faden verliere. Das ärgert Steve, der nicht aufhört zu wiederholen: »Zusammen! Wir müssen zusammen spielen!« Ich versuche, ihm verständlich zu machen, dass mich die Schönheit der spirituellen Lieder davonträgt. Ich habe immer ganz allein gesungen; mich an andere anpassen zu müssen, bringt mich leicht aus dem Konzept. Aber Übung macht den Meister, und schließlich gewöhne ich mich daran. Er sich auch. Meine Stimme und die Instrumente vermischen sich, ich könnte nicht mehr sagen, wie. Er bleibt im Hintergrund, manchmal hört man ihn gar nicht, dann taucht ein diskreter Akkord auf, der unsere Pausen ausfüllt oder unsere intensivsten Klangfarben untermalt. Diese Auftritte sind zugleich bewegend und äußerst natürlich.

Inzwischen liebe ich es, wenn meine Stimme von Steves Akustikgitarre und Marcs Schlagzeug begleitet wird. Es begeistert mich auch, dass dieses Publikum, das größtenteils nichts oder nur wenig vom Buddhismus weiß, sich durch unsere Lieder damit vertraut macht und berührt wird, auch wenn es die Worte nicht versteht. Zwischen zwei Stücken versuche ich, ausführlich zu erklären, was diese Gebete besagen und woher sie kommen. Manche stammen aus dem 11. Jahrhundert, und das beeindruckt viele Amerikaner. Steve und ich ergreifen abwechselnd das Wort, und zwar immer auf sehr natürliche Weise. Und mit einem gewissen Erfolg …

»Schau, Ani, wir haben eine Besprechung im *Philadelphia Inquirer*!«

»Was steht drin?«

»Dieser Gruppe beim Gesang zu lauschen ist, als würde man der Schöpfung von etwas Zerbrechlichem und Geheimnisvollem beiwohnen …«

Steve ist im siebten Himmel. Er vergisst, seinen Kaffee zu trinken, sein Toast schwebt über seiner Tasse. Ich betrachte ihn lächelnd: Seine Freude macht auch mich glücklich. An Marc gewandt, fährt er lachend fort, wobei er jedes Wort betont:

»In einem Kloster in Nepal ist Tibbetts ›der Stimme‹ begegnet. Diese vokalen Gebete erreichen uns aus fernen Jahrhunderten; sie sind klangvoll, beschaulich und erzählen uns von Altruismus und Selbstvertrauen. ›In Nepal können wir einen ganzen Tag ohne Unterbrechung singen, um zu vollkommener Harmonie zu gelangen. Hier aber scheinen die Menschen weniger Zeit zu haben. Deshalb bieten wir ihnen auch nur neunzig Minuten an!‹, erklärt Choying Drolma lachend.«

Von Anfang an gebe ich gerne Interviews. Bei einem davon formuliere ich ganz konkret eine Idee, die schon lange in mir keimte. In jenem Frühjahr beschließe ich, eine Schule für nepalesische Nonnen zu gründen. Und gleichzeitig wird mir klar, dass ich dafür viel Geld brauchen werde. Eine amerikanische Journalistin fragt mich am Ende ihres Interviews:

»Und welchen Traum hegen Sie heute, Ani Choying?«

»Ich möchte eine Schule für Nepals Nonnen gründen!«

Diese Antwort ist mir ganz spontan gekommen, auch wenn mir die Idee schon seit einer Weile durch den Kopf ging. Die mangelnde Bildung der nepalesischen und tibetischen Mädchen hat mich schon immer empört. Ich bin vier Jahre zur Schule gegangen, das ist eine große Ausnahme. Ich war sehr gut, und so habe ich mehrere Klassen übersprungen, wodurch ich ein rudimentäres Wissen in vielen Fächern erworben habe, selbst in Algebra und in Kunst. Das ist eine Chance, die ich meinem Vater zu verdanken habe. Meine Mutter hat bei ihrem Großvater Lesen und Schreiben gelernt und kam besser zurecht als ihr Mann. Schulbildung bleibt in Nepal eine Schwachstelle. Das staatliche Schulwesen ist zwar fast kostenlos, hat dafür aber ein sehr schlechtes Niveau. Die männliche Bevölkerung kann im Großen und Ganzen zählen, beherrscht eine Handvoll englischer Ausdrücke und kann auf Nepalesisch schreiben. Was die Mädchen betrifft …

In Nagi Gompa können neunzig Prozent der Nonnen nicht richtig lesen und schreiben. Sie können die heiligen Texte entziffern, weil sie sie seit Jahrzehnten vor Augen haben, sind aber nicht in der Lage, sie abzuschreiben. Die meisten Leute finden das ausreichend: Warum sollte eine Nonne auch gebildet sein? Das ist doch völlig überflüssig! In der tibetischen Kultur ist es normal, seinem Meister und dem Kloster zu dienen. Und wenn man über keine Bildung und kein Wissen verfügt, ist das Einzige, was man der Gemeinschaft zur Verfügung stellen kann, seine Arbeitskraft. So sind die Rollen aufgeteilt. Für die Männer die Bildung, für die Frauen der Haushalt … Denn die Mönche sind im Gegensatz zu den Nonnen geradezu Gelehrte. Als Kind habe ich sie so bewundert! Sie lesen den ganzen Tag, haben ein umfassendes Wissen und werden deshalb hoch geachtet. Ganz anders die Nonnen, die in absoluter Unkenntnis gelassen werden. Dabei wünschen sich die meisten nichts mehr als das: lernen zu dürfen. Die Motivation ist da, nicht aber die Mittel und die Strukturen.

Sehr früh schon wollte ich gegen diese Ungerechtigkeit ankämpfen und den Nonnen einen Ort zur Verfügung stellen, an dem sie sich Wissen aneignen können, und ihnen bessere Mittel an die Hand geben, die Welt zu verstehen. Niemand in Nepal hat jemals etwas unternommen, damit auch die Nonnen eine Chance bekommen, ihr intellektuelles Potenzial zu nutzen. Man erlaubt ihnen natürlich zu meditieren, nicht aber, ihren Intellekt zu schulen. Niemand hat sich darüber Gedanken gemacht, so tief ist die Gewohnheit verankert. In den Vereinigten Staaten habe ich plötzlich die Gewissheit, dass es möglich sein wird. Die Amerikaner sind sehr schockiert darüber, dass die (meisten) nepalesischen Mädchen keinen Zugang zur Bildung haben. Am Ende der Konzerte stellen uns die Leute immer viele Fragen. Ihre Neugier ist unersättlich.

Diese schönen Erinnerungen an die erste Auslandstournee werden jedoch von einem Ereignis überschattet, das mich sehr verärgert. Eines Abends, nach unserem letzten Konzert, als wir gerade zu Bett gehen wollen, tritt Sonam Wangmo, die dritte Nonne, die an der Tournee teilnimmt, in das Zimmer, das ich mit Sita teile.

»Choying, Sita, ich wollte mich von euch verabschieden.«

»Ja, dir auch eine gute Nacht.«

»Nein, ich möchte wirklich Abschied nehmen. Ich verlasse euch morgen. Ich kehre nicht nach Nepal zurück, ich bleibe hier. Ich will mindestens drei Monate in New York wohnen und mich umschauen.«

»Dann stimmt es also doch? Ich habe so ein Gerücht gehört, wollte es aber nicht glauben … Du sprichst nicht einmal Englisch, wie willst du dich da zurechtfinden? Tu's nicht, ich bitte dich, tu's nicht … Komm mit uns zurück, und wenn du später hierher willst, kannst du es ja machen, aber nicht so, ohne jemanden über dein Vorhaben unterrichtet zu haben!«

»Ich habe es mir gut überlegt. Ich kehre nicht ins Kloster zurück. Ich will versuchen, hier zu leben. Ich will nicht mehr Nonne sein. Einen Monat werde ich noch hierbleiben, und wenn es schlecht läuft, gehe ich nach Nepal zurück. Doch ich muss diese Gelegenheit nutzen.«

»Das kannst du mir nicht antun! Ich habe mich für dich beim Sohn von Tulku Urgyen Rinpoche verbürgt! Ich kann nicht ohne dich zurückkehren; er wird sehr zornig auf mich sein, ist dir das klar? Ich bin für dich verantwortlich, verstehst du? Deine Zukunft ist nicht hier, du wirst diese Entscheidung bereuen, glaube mir …«

Sita hält den Kopf gesenkt und spielt mechanisch mit einem Troddel an ihrer Bettdecke. Instinktiv drehe ich mich nach ihr um. Wenn sie mich auch verlässt, bin ich geliefert! Gar nicht auszudenken, die Schmach, sollte ich ohne meine Begleiterinnen – beide von den Sirenen Amerikas verführt – im Kloster erscheinen. Sie hebt die Augen und sieht mich lächelnd an. Nein, Sita ist anders. Sie hängt zu sehr an Nagi Gompa.

Ich bin äußerst verärgert: Ich habe Sonam Wangmo mitgenommen, weil sie ein armes Waisenkind ist. Ihre Eltern sind bei einem Unfall umgekommen, und ich habe mich sehr um sie gekümmert. Ich dachte, diese Tournee wäre eine Gelegenheit für sie, zu reisen und die Vereinigten Staaten kennenzulernen, sicher die einzige in ihrem Leben. Ich wollte ihr eine Chance geben, und jetzt sorgt sie dafür, dass ich vor aller Welt das Gesicht verliere. Die

»Böse« wird alle gegen mich aufhetzen, sie, die nie aufgehört hat, mich zu kritisieren, selbst nachdem ich nicht mehr im Kloster lebe. Wenn ich jetzt unterwegs auch noch eine meiner Nonnen verliere, wird das Wasser auf ihre Mühlen sein. Zorn nagt an mir; ich nehme dieser Leichtsinnigen ihren Egoismus schrecklich übel.

»Du willst heiraten, ist es das? Du hast dir von deinen Freunden den Kopf verdrehen lassen. Du willst hierbleiben, um ein kleines, ruhiges Leben *à l'américaine* zu führen, wie? Deinetwegen werde ich nie wieder eine von euch mit auf Reisen nehmen können! Nur wegen dir werde ich nicht mehr die Erlaubnis bekommen!«

An den Türrahmen gelehnt, steigen der Nonne, die keine mehr sein will, die Tränen in die Augen. Ihr Kinn zittert, und sie ringt verzweifelt die Hände.

»Siehst du nicht, dass ich halbtot vor Angst bin? Ich will den Versuch wagen. Arbeiten, Geld verdienen, gut leben, ein schönes Haus haben, hübsche Kleider tragen … Ich bin schließlich frei! Bin ich frei oder nicht?«

Natürlich … Schließlich tut sie mir leid. Mir war nicht klar, dass das Nonnendasein so schwer auf ihr lastet. Ich urteile nicht negativ über das westliche Leben, ganz gewiss nicht. Ich habe mehrere ausländische Freundinnen, die mir Liebesleid und Liebesglück anvertrauen, und ich unterstütze sie immer zu hundert Prozent. Aber wenn meine Chor-Nonne glaubt, ihre Freiheit bestehe darin, Jeans zu tragen und Geld zu verdienen, indem sie Gemüse in einem Supermarkt verkauft, so hat sie ein äußerst verzerrtes Bild von der Realität. Ich finde sie plötzlich oberflächlich. Ich habe mich in ihr getäuscht. Doch das Einzige, das für mich zählt und mich wirklich in Zorn versetzt, ist die Tatsache, dass ich ohne sie nach Nepal zurückkehren werde, obwohl ich die Verantwortung für sie trage. Es ist mir zuwider, meine Verpflichtungen nicht einzuhalten.

»Gut, mach, was du willst. Falls du deine Meinung doch noch ändern solltest, weißt du ja, wann wir zurückfliegen. Du hast die Telefonnummer von Steve und Marc und kannst uns anrufen. Dein Flug wird nicht annulliert, und wenn du dich anders entscheidest, erfährt niemand von diesem Gespräch. Wie auch immer, gib auf dich Acht.«

Schließlich sind wir ohne sie zurückgekehrt. Sehr viel später ist mir zu Ohren gekommen, dass sie verheiratet ist und in einem Vorort von New York lebt. Mein Zorn ist schnell verflogen. Doch in Nagi Gompa muss ich, wie erwartet, Spott und Beleidigungen von der »Bösen« hinnehmen. Für sie ist es ein gefundenes Fressen.

»Ich hatte dich vorher gewarnt, dass so etwas für Menschen wie uns nicht geeignet ist! Für wen hältst du dich eigentlich, dass du glaubst, ohne Folgen durch die Welt tingeln zu können?«

»Sita und ich haben etwas Außergewöhnliches erlebt und sind unbeschadet zurückgekehrt. Wie du feststellen kannst …«

»Trotzdem bin ich der festen Überzeugung, dass sich eine Nonne so nicht zu verhalten hat. Dein Benehmen ist völlig unpassend. Wenn du unbedingt auf dich aufmerksam machen willst, ist das dein Problem, doch Nagi Gompa braucht deine Extravaganzen nicht. Chökyi Nyima Rinpoche scheint dein Verhalten zu tolerieren. Ich aber finde, dass du dich für eine Nonne unkorrekt verhältst.«

Wütend verlasse ich das Kloster. Ich werde mir von der »Bösen« nicht mein Verhalten vorschreiben lassen.

Nach dem Tod meines Meisters habe ich mich um verantwortungsvolle Posten innerhalb unserer Gemeinschaft beworben; ich habe sogar einen offiziellen Antrag bei den leitenden Instanzen gestellt. Ich weiß, dass ich mich nützlich machen kann, deshalb habe ich mich bei gewissen besonders hoch angesehenen buddhistischen Meistern vorgestellt. Man hat mir freundlich geantwortet, man würde sehen, was sich machen ließe. Doch man hat mir nie einen Vorschlag unterbreitet, der dieses Namens würdig gewesen wäre. Man hat mir keine Aufgabe anvertraut.

Also muss ich fortan die Dinge selbst in die Hand nehmen. Warten und tatenlos bleiben, ist nicht mein Stil. Ich habe mich in Nagi Gompa nützlich machen wollen, doch nachdem man mich dort nicht haben will, ist der Augenblick gekommen, mein Projekt zu realisieren und so schnell wie möglich eine Nonnenschule zu gründen. Diese Tournee hat mir in einem Monat zehntausend Dollar eingebracht. Mit diesem Geld werde ich eine Stiftung gründen können. Meine Stiftung. Manche Nonnen verbringen ihr ganzes Leben mit Beten, ohne ihr Kloster je zu verlassen. Gut für sie. Ich aber habe eine andere Mission zu erfüllen: mein schönstes Werkzeug, meine Stimme, nutzen, mich meiner Bekanntheit bedienen, damit mein Traum wahr wird. Ich weiß, dass ich viel Geld brauchen werde. Und wenn ich Tag und Nacht arbeiten, Interviews geben, mich fotografieren lassen muss, dann tu ich es. Bekannt zu sein, interessiert mich nicht. Ich habe nie gesungen, um ein Star zu werden, so etwas liegt mir fern. Ich singe, um

Geld zu verdienen. Diese Vorstellung mag so manchen schockieren: eine Nonne, die Geld verdienen will? Damit muss ich mich abfinden. Ich bin Steve sehr dankbar dafür, dass er diese Flamme in mir entzündet hat. Ohne ihn wäre ich nie auf die Idee gekommen, eine CD aufzunehmen oder vor einem Publikum zu singen, also mit meiner Stimme Geld zu verdienen und damit meine Träume zu verwirklichen. Das verdanke ich ihm, und das ist viel. Meine Reise in die Vereinigten Staaten hat die Idee, die ich seit Jahren in mir trug, reifen lassen: gegen die Ungerechtigkeit anzukämpfen.

DIE »ARYA TARA SCHOOL«

Gerade bin ich von einer Singapur-Reise zurückgekehrt. Ich bin überglücklich: Etwas Außerordentliches hat sich zugetragen. Sobald ich wieder im Haus meiner Eltern bin, laufe ich ins Schlafzimmer meiner Mutter, setze mich auf ihr Bett und ergreife ihre Hand.

»Mama, mir ist etwas Unglaubliches passiert! Ich habe einen wunderbaren Mann getroffen!«

Meine Mutter sieht mich misstrauisch an. Nachdem ich mich dauernd in der Weltgeschichte herumtreibe, musste das ja irgendwann passieren. Die Nachbarn hatten recht: Ein hübsches Mädchen wie ihre Tochter konnte nicht ihr ganzes Leben lang Nonne bleiben.

»Du hast wohl Misheal getroffen, den Sohn der Gopals?«

Die Gopals sind jene Nachbarn meiner Eltern, die mir vor einigen Jahren während des Hausbaus das Foto ihres Sohnes gezeigt hatten. Er lebt noch immer in Singapur und ist auch noch immer Junggeselle. Ich bin fröhlich, kontaktfreudig und alles andere als schüchtern. Ich bin mir bewusst, dass ich Ausstrahlung besitze. Und dass ich den Männern gefalle. Als Misheals Eltern von meiner Reise nach Singapur erfuhren, haben sie mir ein Päckchen für ihren Sohn anvertraut, das ich ihm persönlich übergeben sollte. Eine etwas plumpe List. Ich hatte absolut keine Lust, diesen Mann zu treffen, und noch weniger, mich auf ein Spielchen heuchlerischer Verführung einzulassen. Natürlich schmeichelt es mir, wenn ich jemandem gefalle, aber mein Ego braucht nicht mehr als etwas stille Bewunderung … Eine Beziehung zu einem Mann ist das Letzte, was ich mir wünsche. Das ist etwas fürs Kino. Nicht fürs wahre Leben. Und ich werde mich ganz gewiss nicht jetzt, da ich anfange, meine Freiheit zu genießen und die Welt zu entdecken, mit einem Mann belasten, den ich für alles um Erlaubnis bitten und dem ich Rechenschaft ablegen muss. Allein die Vorstellung erscheint mir absurd. Selbst wenn mein Gewand nicht all meine Rundungen verbirgt, bin ich doch im Grunde meines Herzens ein Junge. Gekicher und schmachtende Blicke sind nichts für mich.

»Unsere Begegnung hat kaum eine Minute gedauert. Nicht einmal angesehen habe ich ihn. Ich habe ihm das Päckchen überreicht und mich gleich aus dem Staub gemacht. Ich würde ihn nicht einmal wiedererkennen. Warum sprichst du von ihm? Nein, ich habe einen wunderbaren Mann getroffen, der mir beim Aufbau meiner Schule helfen will.«

Mein erster Mäzen heißt Freddie Moh Tai Tong, er ist ein guter Bekannter meiner alten Freundin Keng Leck. Heute sind mehr und mehr Leute so großherzig, mich zu unterstützen. Aber anfangs fand ich mit meiner Initiative nicht viel spontane Hilfe. Freddie hingegen hat nicht gezögert. Eines Abends, als ich mit Keng Leck verabredet war, nahm sie mich mit zu ihm. Er ist Singapurer, klein, um die vierzig und unglaublich freundlich. Und sehr reich. Darüber hinaus, wie ich feststellen sollte, ungemein großzügig.

»Ani, dies ist Freddie. Freddie besitzt ein exzellentes Restaurant hier in Singapur, das *Chicken Rice* …«

»Freut mich sehr. Sie müssen irgendwann zu mir zum Essen kommen. Sie sind mein Gast.«

»Vielen Dank …«

»Freddies Vater ist ein bekannter Immobilienmakler. Und er singt auch sehr gut.«

Das Gespräch begann ganz ungezwungen. Wir haben eine angenehme Zeit miteinander verbracht und uns über dieses und jenes unterhalten. Als ich sein Haus sah und ihn von seinem Leben erzählen hörte, begriff ich, dass er wirklich sehr reich ist. Dieser Mann konnte mir helfen, da war ich mir sicher. Er brauchte nur zu wollen.

Ganz plötzlich habe ich all meinen Mut zusammengenommen und bin ohne Umschweife zur Sache gekommen. Das ging ganz von allein.

»Sagen Sie, Sie scheinen sehr reich zu sein. Eines Tages werde ich Sie vielleicht um Hilfe bitten.«

»Ach ja? Welche Art Hilfe?«

»Ich möchte eine Nonnenschule gründen.«

»Und was brauchen Sie?«

»Ich muss ein Grundstück kaufen, um die Schule bauen zu können.«

»Und wie viel kostet das ungefähr?«

»Ich habe keine Ahnung …«

»Reichen fünfzigtausend Dollar aus?«

Fünfzigtausend Dollar … Davon hätte ich nicht einmal zu träumen gewagt. Er vertraut mir, der jungen Nonne, mir, die ihm keine Garantien geben kann.

»Bisher habe ich keine Ahnung. Ich habe noch nicht einmal angefangen zu suchen. Behalten Sie das Geld, bis ich etwas gefunden habe.«

»Gut. Wenn Sie mehr wissen und mich brauchen, geben Sie mir Bescheid. Ich bin für Sie da. Ich lege diese Summe für Sie beiseite, darauf können Sie sich verlassen.«

Es ist ein schönes Gefühl festzustellen, dass man nicht alleine kämpft, sondern dass es auf der Welt barmherzige Seelen gibt, die nur einen Anstoß brauchen, um ihre Großzügigkeit unter Beweis zu stellen. Ich hatte viel Glück. Einige Misstrauische ausgenommen, die ohne handfeste Sicherheiten nichts spenden wollten, haben viele Leute auf mich und mein Projekt gesetzt. Und Freddie hat wirklich den Grundstein für mein Vorhaben gelegt.

Ich erzähle meiner Mutter die Geschichte, und ich sehe, wie sehr sie sich für mich freut. Sie sieht, dass ich ganz und gar nicht gewillt bin, mich von der Religion abzuwenden …

Meine Mutter ist meine beste Freundin geworden. Wir erzählen uns alles, und ich vertraue ihr voll und ganz. Wir lachen viel miteinander und unterstützen uns gegenseitig. Seit ich aus den Vereinigten Staaten zurückgekehrt bin, ist das Verhältnis zu meinen Eltern sehr gut. Zu jeder Tages- und sogar Nachtzeit kommt mein Vater in mein Zimmer, um sich zu überzeugen, dass ich da bin und dass es mir gut geht. Natürlich schließe ich mich nie ein. Aber manchmal können seine Überraschungsbesuche drei Stunden dauern. Selbst wenn ich bisweilen, sobald er den Kopf durch die Tür steckt, insgeheim bete, er möge schnell wieder gehen, und seine Fragen nur knapp beantworte, um ihm klarzumachen, dass ich keine Zeit habe, unterbreche ich meine Arbeit jedes Mal und höre ihm zu. Schließlich wohne ich bei ihm, und vor allem schätze ich unsere Gespräche. Diese Augenblicke der familiären Ruhe genieße ich ungemein. Ich höre ihm gerne zu, wenn er mir aus seinem Leben erzählt, wenn wir unsere Ansichten über buddhistische Philosophie austauschen. Er arbeitet noch, aber viel weniger als früher. Nach all den gemeinsamen Jahren und den durchgestandenen Prüfungen haben meine Eltern zu einer Art von Liebe und einfacher Zufriedenheit gefunden. Ja, jetzt, im Herbst ihres Lebens, da die Leidenschaft einer friedvollen Ruhe weicht, lieben meine Eltern einander. Meine Mutter hat meinen Vater stets nach Kräften unterstützt. Mein Vater war von jeher ein Charmeur. Doch das Spiel der Verführung war ihm wichtiger als der Akt selbst. Und wenn er Abenteuer gehabt hat, so haben sie ihn nie dazu getrieben, seine Ehe in Frage zu stellen. Einmal jedoch ist er weiter gegangen. Meine Eltern reden sehr offen und ohne Bitterkeit darüber.

Im Alter von siebzig Jahren hat mein Vater eine Reise in seine Heimatstadt in der Provinz Kham in Tibet unternommen. Auf dem Rückweg hat er in der Hauptstadt Lhasa Station gemacht. Nachdem meine Mutter innerhalb von sechs Monaten so gut wie keine Nachricht von ihm hatte, fing sie an, sich Sorgen zu machen. Sie fürchtete, er könnte sich ungesund ernähren oder die Leute würden seine Gutmütigkeit ausnutzen. Sie hat mich gebeten, ihn zu holen. Ich bin mit meinem älteren Bruder, seinem Sohn aus erster Ehe, aufgebrochen. Wir haben ihn schnell gefunden. Niemand nutzte ihn aus, o nein! Er befand sich in bester Gesellschaft … Er wohnte bei einer jungen Frau von nicht viel mehr als dreißig Jahren. Das heißt kaum älter als ich zu jener Zeit. Heute lache ich darüber; damals wusste ich nicht recht, was ich davon halten sollte. Ich war nicht wütend, nur verunsichert angesichts ihres Alters. Sie war freundlich und aufmerksam. Er war zu ihr gezogen, und ganz offensichtlich führten sie eine harmonische Beziehung. Nach zwei Wochen, in denen wir die heiligen Stätten besuchten, sind wir dann alle nach Hause gefahren: Mir war die Spannung unter dem chinesischen kommunistischen Regime unerträglich, die spürbare Angst, die in den Straßen herrschte. Mein Vater ist, ohne Probleme zu machen, mit uns heimgekommen. Er hatte sich bestens amüsiert, jetzt konnte er zu seiner Ehefrau zurückkehren.

Meine Mutter hatte eine verblüffende Einstellung zu dieser Geschichte. Sie war der Auffassung, das Glück meines Vaters käme vor dem ihren. Er sei alt, und dieses Abenteuer habe ihm gutgetan. Ihre Liebe ist rein, es ist eine Liebe, die alles gibt, ohne im Gegenzug etwas zu erwarten, außer der Freude des anderen. Das ist sehr schön. Vielleicht war ihr auch die Untreue meines Vaters nicht besonders wichtig. Vielleicht wusste sie, dass diese Beziehung nur vorübergehend sein würde. Sie war die Frau, die bis zu seinem Lebensende mit ihm zusammenbleiben würde. Nicht die andere. Sie war diejenige, die sein ganzes Leben lang Ankerpunkt, Quell der Ausgeglichenheit, Schutzwall gegen die Sturzbäche seines Zorns gewesen war, nur sie. Sie allein. Und sie hatte recht. Nach langen gemeinsamen Jahren ist es der sanften Geduld meiner Mutter gelungen, die wahnsinnige Trunksucht meines Vaters zu mäßigen. Es gibt noch immer Krisen, aber selten – und fast nie, wenn ich da bin: Ich spiele die Rolle des Schlichters. Und das Geld, das ich ihnen gebe, erleichtert ihnen den Alltag. Ich erinnere mich gern an diese Zeit, die ich bei meinen Eltern verbracht habe: Wir standen uns nahe und waren eigentlich glücklich, selbst wenn es noch den einen oder anderen Ausbruch meines Vaters gab.

Beruflich geht auch alles sehr gut; ich werde immer aktiver. Einen Teil des Geldes, das ich mit meiner Tournee verdient habe, habe ich in eine Büroausstattung investiert: einen Schreibtisch, einen Stuhl, einen Computer, einen Drucker, alles nagelneu. Eine Grundausstattung, aber mehr brauche ich nicht. Inzwischen habe ich die »Nuns Welfare Foundation«, kurz NWF, gegründet. Das ist ein bürokratischer Verwaltungsakt gewesen, der mir die Möglichkeit gibt, Spenden anzunehmen und eine Buchhaltung zu haben. Es war auch ein symbolischer Akt: Was bislang ein verrückter Plan gewesen war, fand – zumindest in administrativer Hinsicht – jetzt eine Existenz. Ich habe Briefpapier, Visitenkarten und eine Postanschrift. Was den Rest angeht … Ich beschließe, keine Zeit zu verlieren und Freddies Angebot zu nutzen, ohne zu viel Zeit verstreichen zu lassen. Ich weiß, dass er sein Wort halten wird, aber es ist besser, das Eisen zu schmieden, solange es heiß ist. Vor allem aber habe ich keinen Grund, noch länger zu warten.

Ich suche wirklich überall. Am Steuer meines Jeeps fahre ich, zumeist alleine, durch die Dörfer in der Umgebung von Nagi Gompa. Es gibt eine Bedingung, die die Sache erschwert: Die Schule soll in den Bergen liegen, genau wie das Kloster, in dem ich aufgewachsen bin. Hoch über Menschenmengen und Luftverschmutzung, mit einem weiten Blick von oben, so wie ihn unser Geist anstrebt.

Eines Tages bekomme ich einen Anruf. Jemand hat gehört, dass ich ein Grundstück suche, und meint, etwas zu haben, das mich interessieren könnte. Ich soll vorbeikommen.

In der Frühe gegen sieben Uhr erreiche ich den angegebenen Ort im Morgennebel. Die Straße von Kathmandu ist kurvig, sehr schmal und voller Lastwagen. Ich bin müde – habe schlecht geschlafen, zu viel an das gedacht, was es zu tun gibt. Der schnelle Lebensrhythmus der Menschen im Westen ist nichts für mich. Ich komme besser voran, wenn ich Ruhe, Beschaulichkeit und Frieden habe. Ich hätte nicht hierherkommen sollen, ich werde wieder einmal enttäuscht sein. Nachdem ich einen bewaldeten Hügel hinaufgefahren bin, gelange ich plötzlich auf eine große Lichtung. Wie immer im Winter kommt die Sonne schüchtern hinter den Wolken hervor. Zu meiner Linken sehe ich im Tal ganz klein Kathmandu und seine vielen vibrierenden Lichter. Vor mir ragen silbrig glänzend die vom ewigen Schnee gekrönten Gipfel rein und prächtig aus dem Wolkenmeer. Der Blick ist atemberaubend. Plötzlich werde ich ruhig. Mein Herz scheint kurz auszusetzen. Das ist es! Ich weiß, dass dies der richtige Ort ist. Der Makler erwartet mich.

»Zeigen Sie mir bitte das Grundstück, ich möchte es sofort ansehen!«

»Es liegt etwas weiter dort drüben, kommen Sie mit.«

Ich lasse den Motor an und folge dem Wagen des Mannes etwa zehn Minuten lang. Das Terrain, das er mir anbietet, ist schlammig und an einem viel zu steilen Hang gelegen. Vor allem aber ist es nach Norden orientiert und geht auf einen hohen grauen Berg. Kein Ausblick, kein Licht. Welche Enttäuschung! Wieder einmal zu früh gefreut, wusste ich's doch … Dabei war der Ort selbst geradezu magisch. Missmutig verabschiede ich mich von dem Makler. Ich hätte nie gedacht, dass sich diese Suche so schwierig gestalten würde. Als ich wieder in meinem Jeep sitze, sehe ich, gut hundert Meter entfernt, auf dem gegenüberliegenden Hang ein anderes Grundstück. Ebener, perfekt ausgerichtet, sehr schön. Ich bremse abrupt und steige aus. Im Westen erkenne ich in der Ferne das Kloster, in das ich meinen Meister des Öfteren begleitet habe. Ein kleines Kloster, mitten im Paradies, in dem er tagelang meditierte, oft ohne dass wir ein Wort gewechselt hätten, ein Ort der Abgeschiedenheit und der Ruhe. Von meinem Standort aus kann ich es gut erkennen. Dieser Zufall begeistert mich. Das ist das Richtige, da bin ich mir sicher!

»Wem gehört dieses Land?«, frage ich den Makler, der ebenfalls aus seinem Auto gestiegen ist. »Das ist genau das, was ich suche!«

Und dieses Mal nehme ich leichten Herzens Abschied von dem Makler. Er will sich erkundigen. Wenn alles gut geht, müssten wir uns schnell auf einen Preis verständigen. Einige Tage später meldet er sich bei mir: achtzigtausend

Dollar! Die Besitzer verlangen achtzigtausend Dollar. Ein Wahnsinn, den ich mir absolut nicht leisten kann. Und selbst wenn ich könnte, würde ich es nicht wollen. Das ist Wucher.

Ich versuche zu verhandeln. Mehrere Wochen lang liefern wir uns einen kommerziellen Schlagabtausch. Summen fliegen hin und her wie Pingpongbälle, sind aber immer noch viel zu hoch für meine Verhältnisse. Als Interessentin habe ich nicht die beste Verhandlungsposition. Die Besitzer sind Nepalesen, kleine Bauern, die sicher seit Generationen dort wohnen. Ich gebe auf. Stur wie die Maulesel. Ich nehme meine Suche wieder auf. Und ich finde, was ich brauche. Ein schönes Grundstück mit nettem Blick und erschwinglich. Am Vorabend des Vertragsabschlusses klingelt das Telefon.

»Wir haben es uns wegen des Grundstücks noch einmal überlegt.«

»Danke, aber es ist zu spät. Ich habe etwas anderes gefunden, ich habe kein Interesse mehr. Ich habe Ihnen schon gesagt, dass ich das, was Sie verlangen, nicht bezahlen kann.«

»Darum rufe ich Sie ja an, wir akzeptieren Ihr Angebot …«

Am Vorabend des Abschlusses! Ich weiß nicht, was diesen Meinungsumschwung ausgelöst hat. Sicher brauchen sie Geld, aber das ist unwichtig. Ich nehme an. Einige Tage später treffen wir uns bei einem Anwalt, um den Kaufvertrag zu unterzeichnen. Ich habe ein Grundstück, das ist wunderbar. Und doch habe ich nichts. Damit allein werde ich die jungen Nonnen nicht unterrichten können. Plötzlich habe ich es eilig. Ich brauche viel Geld, um ein Haus bauen zu können. Und selbst wenn die Arbeiten hier nicht sehr teuer sind, muss ich neue Mäzene finden. Ich muss auch Konzerte geben, viele Konzerte. Ich habe schnell begriffen, dass dies die einzige Möglichkeit ist, in kurzer Zeit Geld für mein Vorhaben zusammenzutragen. Seit einigen Wochen bin ich auf der Suche nach Räumlichkeiten zur Miete, in denen ich meine Schule vorübergehend einrichten kann. Ich will nicht länger warten. Viel zu viele Mädchen leben in dramatischen Situationen. Ich will jetzt handeln – auf der Stelle.

»Papa, ich muss mir ein Haus ansehen, das der Makler gefunden hat und in dem ich meine Schule einrichten könnte. Begleitest du mich?«

»Aber gerne, sehen wir uns das mal aus der Nähe an …«

Barzgar, ein Freund aus meinem Viertel, der jetzt im Immobiliengeschäft tätig ist, hat mir versichert, ein richtiges Schnäppchen aufgetan zu haben. Im Allgemeinen löst mein Projekt zwei unterschiedliche Reaktionen aus: Kritik bei den Konservativen, Begeisterung bei den anderen. Natürlich beachte ich Erstere gar nicht und stütze mich stattdessen auf die Zweiten, um mit meinem Projekt voranzukommen.

»So, da wären wir.«

Wir halten vor einem großen Gebäude in einer ruhigen Straße, etwa zehn Kilometer von Bodnath im Norden Kathmandus. Auf einem verblichenen Schild ist zu lesen: »Reisebüro«, das *e* in der Mitte scheint schon seit langer Zeit zu fehlen. Ich beuge mich vor und betrachte die Umgebung. Etwas heruntergekommen, aber in der Tat nicht schlecht.

»Komm, sehen wir es uns von innen an.«

Vier Stockwerke und so viel Staub, dass man kaum atmen kann, schmutzige Fliesen, etwa fünfzehn Räume. Alles ist so unglaublich dreckig, als hätte seit Jahren niemand mehr einen Fuß hierher gesetzt. Aber das ist unwichtig; man muss nur putzen. Die elektrischen Leitungen hingegen scheinen in gutem Zustand. Die Aufteilung der Zimmer ist ideal für mich: Im obersten Stockwerk ein großer Raum, eine schöne Küche und eine Abstellkammer. Darunter ein Dutzend kleinerer Zimmer, teils von einem rechteckigen Flur abgehend, teils von einem langen Gang. Perfekt. Auch die Miete ist akzeptabel, zwanzigtausend Rupien im Monat. Das entspricht etwa zweihundertfünfzig Euro, was in den Augen der Europäer lächerlich erscheinen mag. Aber man darf nicht vergessen, dass das jährliche Durchschnittseinkommen hier in Nepal bei einhundertsiebzig Euro liegt. Trotzdem ist es auch für hiesige Verhältnisse ein günstiger Preis, und vor allem kann ich es mir leisten. Ich entscheide mich auf der Stelle:

»Perfekt, das nehme ich!«

Gleich am nächsten Morgen rücke ich mit Wischeimer, Besen und Scheuerlappen an. Und die sieben ersten Schülerinnen, die ich aufgenommen habe, bekommen ihren Grundkurs: Haushaltspraktikum. Innerhalb der letzten zwei Wochen hatten sich schon sieben junge Nonnen beworben. Die Neuigkeit, dass ich eine Schule für sie einrichte, hat sich sehr schnell in unserem Viertel – und der Umgebung – herumgesprochen. Meine Freundinnen haben mir sofort Mädchen aus armen Familien geschickt. Die meisten von ihnen sind, so wie ich in ihrem Alter, Nonne geworden, um einem gewalttätigen Vater zu entgehen, der ihnen zu Hause das Leben zur Hölle machte. In eine Organisation wie die meine zu kommen, ist für sie das Paradies auf Erden. Andere haben weniger Glück gehabt. Sie wurden von ihren Eltern als Prostituierte verkauft und nach Indien gebracht, wo sich viele mit AIDS infiziert haben. Natürlich weiß man auch bei uns von dem HI-Virus, und die Aufklärungskampagnen werden verstärkt, aber wenn die Armut zu groß ist, setzt man sich über alle Vorsichtsmaßnahmen hinweg. Und wenn sich die armen Mädchen angesteckt haben, schickt man sie nach Hause zurück, wo sie keinerlei Zukunft haben. Zumeist bieten sie dann hier weiter ihre Körper feil und übertragen die Krankheit. Einer meiner Freunde arbeitet mit diesen Mädchen und versucht, ihnen trotz allem eine Perspektive zu bieten.

Ich habe auch eine Lehrerin eingestellt – die erste. Yashi Lhamu ist sechsundzwanzig Jahre alt, also etwas jünger als ich. Auch sie ist eine tibetische Nonne, die jetzt in der Nähe des *Stupa* Swoyambhu Nath in Kathmandu lebt. Sie hatte die seltene Chance, an der buddhistischen Universität in Indien zu studieren. Es ist sehr schwierig, Nonnen mit Ausbildung zu finden – ich habe enormes Glück gehabt. Heute, am Tag des großen Hausputzes, ist sie bei uns. Sie hat ihre Kreide gegen einen Schrubber eingetauscht und scheuert den Boden mit ebenso viel Hingabe, wie sie jungen Menschen das Lesen beibringt. Alle zusammen, und noch dazu mit Unterstützung einiger meiner Freundinnen, brauchen wir drei Tage, um meine künftige Schule auf Vordermann zu bringen. Einmal vom Dreck befreit, ist das Haus recht ordentlich.

»Und wie willst du deine Schule nennen, Choying?«, fragte mich mein Vater während unserer Besichtigung.

»Eine gute Frage, Papa. Ich dachte an Arya Tara School …«

Tara ist eine Gottheit, eine Art femininer Buddha, sie verkörpert die weibliche Energie. Ihr Abbild ist meist grün gehalten. Der Name (Tara) bedeutet »die Retterin« oder auch »Leitstern«. Wir glauben, dass Tara die Fähigkeit besitzt, uns vor drei Kategorien von Gefahren zu schützen: Die äußeren wie Feuer, Erdbeben und Schlammlawinen, die inneren wie Krankheiten, und schließlich die in uns verborgenen wie Emotionen und alles, was angetan ist, das seelische Gleichgewicht zu stören. Diese Hindernisse auf dem Weg zur wahren Erkenntnis soll Tara fernhalten. Es war für mich immer klar, dass meine Schule den Namen Tara tragen sollte. Und Chökyi Nyima Rinpoche, der Sohn meines Meisters, hatte die Idee, »Arya«, die Ruhmreiche, hinzuzufügen. Arya Tara School, das klingt für mich perfekt.

Schon bald beginnt die Anfängerklasse. Zunächst relativ improvisiert, dann immer organisierter. Ich kaufe Tische und Stühle, bekomme eine alte Tafel aus einer anderen Schule. Ich bezahle alles selbst, ohne die Hilfe von irgendjemandem in Anspruch zu nehmen. Die Mädchen bekommen eine traditionelle buddhistische Ausbildung, das heißt Gebete und religiöse Unterweisung, aber sie lernen auch – und vor allem – Rechnen, Englisch und Nepalesisch. Ich möchte, dass sie eine möglichst umfassende

Bildung erhalten. Im Moment kann ich noch keine Computer kaufen, aber Informatikkurse stehen ganz oben auf meiner Prioritätenliste.

Um noch effizienter arbeiten zu können, habe ich beschlossen, in der Aray Tara School zu wohnen. Ich nehme ein Zimmer für mich. Ich behalte auch das bei meinen Eltern, wo ich stets willkommen bin. Doch die meiste Zeit übernachte ich in der Schule. Ich esse mit den Mädchen, und nach und nach schaffe ich jenes Gemeinschaftsleben, an das ich gewohnt bin, das Leben von Nagi Gompa. Nur mit dem Unterschied, dass Arya Tara School kein Kloster ist, sondern ein Pensionat. Die Mädchen lernen den ganzen Tag über, während ich in meinem Büro meine Konzerte organisiere. Die Anfragen häufen sich, selbst eine Europa-Tournee ist geplant. Letztlich ging alles sehr schnell, und ich habe viel Arbeit. Aber noch keine Sekretärin … Ich bin häufig unterwegs. Zu dieser Zeit verbringe ich nur einige Monate im Jahr in Kathmandu, die restlichen vor meinem Publikum in Deutschland, Amerika, Frankreich … Meine Eltern verfolgen mein neues Leben mit Verblüffung. Sie sind stolz auf mich, aber für ihren Geschmack bin ich etwas zu viel auf Reisen. Sie unterstützen mich nach Kräften, verstehen aber nicht wirklich, was all das soll. In Nepal bin ich noch nicht bekannt, nur in den Vereinigten Staaten und in Europa.

Wenn ich da bin, essen wir in der Schule alle zusammen zu Abend, dann beten wir in dem großen Meditationsraum. Manchmal sehen wir uns ein Video an. Ich bin (immer noch) sehr romantisch und verrückt nach Bollywood-Liebesfilmen! Je rührseliger sie sind, umso besser gefallen sie mir. Wenn ich alleine bin, vergieße ich heiße Tränen, doch hier vor den Kindern versuche ich Haltung zu bewahren. Wir leben wie eine große Familie, die Mädchen können wieder lachen, und nichts macht mich glücklicher. Alles ist bestens.

So erblickt also im Jahr 2000 meine Schule das Licht der Welt. Mit viel gutem Willen, Arbeit und Hoffnung – der Hoffnung, das Leben dieser Kinder zu verbessern, ihnen eine neue Chance zu geben, obwohl ihr Weg vorgezeichnet schien; ihr Schicksal in neue Bahnen zu lenken, und das mit viel Ehrgeiz. »*Think big, start small*«. Denn wenn man klein denkt, ist der Aktionsradius eingeschränkt, und es gibt keinen Platz, um sich auszudehnen. Man muss große Pläne haben. »*Think big, start small*« – ich liebe diesen Satz: Zum ersten Mal habe ich ihn in Singapur gehört, und seither wiederhole ich ihn mir ständig. Jedes Mal, wenn ich mich in ein neues Projekt stürze. Ich habe nie gedacht, dass für mich etwas unmöglich wäre. Immer habe ich an mich selbst geglaubt und an die Großzügigkeit der anderen. Und bislang ist die Rechnung aufgegangen. Das ist keine Arroganz, sondern nur Vertrauen in das Leben. Und in die eigene Kraft. Man kann den Lauf der Dinge verändern. Es ist wichtiger, sich stark zu fühlen, als wirklich stark zu sein. Und ich fühle mich stark. Auf alle Fälle nicht schwächer als irgendeine andere. Und schon gar nicht als irgendein anderer.

EIN SOHN

Seine Augen sind schwarz wie die Nacht, man könnte förmlich in ihnen versinken. Sie sind bezaubernd. Die Starrheit seines Blicks aber irritiert mich. Die mädchenhaften langen, gebogenen Wimpern rühren sich nicht. Seit einer, wie es mir scheinen will, ganzen Ewigkeit fixiert er mich schon. Dieses Baby ist ungewöhnlich ernsthaft. Die Frau, die es mir jetzt entgegenhält und mich dabei flehentlich anschaut, kenne ich gut. Maily ist eine Nonne aus Nagi Gompa. Im Kloster habe ich sie oft unterstützt, denn sie kommt aus einer bescheidenen Familie, und die »Böse« behandelte sie schlecht. Dieser Junge, den ich zum ersten Mal sehe, ist der Sohn ihres Bruders. Seine Eltern sind beide tot. Seine Mutter starb, als er acht Monate alt war, sein Vater acht Wochen später. Maily kann mit einem Baby nichts anfangen, und vor allem hat sie nicht die Mittel, es zu versorgen. Und so wendet sie sich automatisch an mich mit der Bitte, es aufzunehmen.

Ohne zu überlegen, willige ich ein. Ich gehöre nicht zu den Menschen, die tausend Fragen stellen, ehe sie handeln: Ich lasse mich von meinem Instinkt leiten, und der befiehlt mir, dem Kind auf der Stelle zu helfen. Ich denke nicht eine Sekunde an die Konsequenzen, sondern nur daran, dass der Kleine mich braucht. Es mag seltsam klingen, aber so ist Sonam Dorje statt im Laufe von neun Monaten innerhalb weniger Sekunden mein Sohn geworden! Mit fast dreißig Jahren bin ich urplötzlich Mutter eines zehn Monate alten Jungen. Gleich am nächsten Tag statte ich den Kindergeschäften von Kathmandu einen Besuch ab und kaufe alles Nötige ein: Bett, Windeln, Tragetuch, Kleidung. Alle Nonnen, vor allem aber Yeshi Lhamu, freuen sich. Da ich den Namen des Kindes nicht kenne, gehe ich zum Kloster von Bodnath und bitte Chockling Rinpoche, einen der Söhne meines Meisters, ihm einen zu geben. Und er entscheidet sich für Sonam Dorje.

Anfangs mache ich mir ständig Sorgen um ihn. Sein Bauch ist durch die Unterernährung ganz aufgedunsen. Überall am Körper sind Stellen mit weißem Schorf bedeckt, der bisweilen abfällt und dann wiederkommt. An den Knien ist die Haut trocken wie die eines Elefanten. Vor allem fürchte ich, seine Teilnahmslosigkeit könnte ein Anzeichen für eine geistige Behinderung sein. Ich habe meine beiden kleinen Brüder mit aufgezogen; ich weiß, wie Babys sind. Sie schreien, strampeln, klammern sich an allem fest, sabbern, lachen. Kurz, sie sind lebendig. Nicht so Sonam. Er wirkt wie ein großes, wohlerzogenes Kind, dabei ist er nicht einmal ein Jahr alt. Er scheint in seine Gedanken versunken, geprägt von einer Welt der Angst, des Hungers, der Kälte und Einsamkeit. Ich möchte ihm sagen, dass sein Leidensweg jetzt beendet, dass er in einem sicheren Hafen angekommen ist. Das flüstere ich ihm in sein kleines Öhrchen. Abends singe ich ihm Lieder vor, damit er friedlich einschläft, mir vielleicht sogar ein Lächeln schenkt. Aber er hört mich nicht. Wie alle Mütter bin ich besorgt und stelle mir das Schlimmste vor. Vielleicht hat er einen Hirnschaden?

Sonam findet sehr schnell seinen Platz in unserer Gemeinschaft. Er lebt mit mir, den jungen Nonnen und der Lehrerin zusammen in der Schule. Er ist der einzige Junge in dieser großen Familie, und es mangelt nicht an Freiwilligen, die sich um ihn kümmern. Da ich zu dieser Zeit unglaublich viel Arbeit habe, hilft Yeshi Lhamu mir sehr und versorgt ihn. Er ist unser aller Puppe. Er hat viele Schwestern und mehrere Mütter. Oft sehe ich ihn an und denke an die verschlungenen Wege des Schicksals: Dieses Baby, das durch den Tod seiner Eltern einem Leben ohne Liebe geweiht war, wird plötzlich verwöhnt und gehätschelt!

Wenn ich da bin, nehme ich ihn überallhin mit. Ich habe keinen Kinderwagen, sondern trage ihn in einem Tuch an meinem Herzen. Er klammert sich an meinem Hals fest wie ein kleiner Affe. Das bringt mich zum Lachen und entlockt auch ihm von Zeit zu Zeit ein schüchternes Lächeln. Die Zeit vergeht, und er fängt an, sich wie ein normales Baby zu verhalten. Alles scheint in Ordnung zu sein. Ich atme auf. Er ist unglaublich niedlich und weint nie. Und das sage ich nicht, weil er mein Sohn ist!

Aber nicht alle sind dieser Meinung. Die Ankunft eines Babys in meinem Leben führt zu den abenteuerlichsten

Kommentaren. Was habe ich mir nicht alles anhören müssen …

»Ani, ich muss dir etwas sagen, das dir nicht gefallen wird …«

Yeshi Lhamu steht in der Tür zu meinem Arbeitszimmer. Sie hat Sonam auf dem Arm, das Baby fängt endlich an zu brabbeln.

»Jemand hat das Gerücht in die Welt gesetzt, Sonam sei dein Sohn.«

»Ja, natürlich ist er das!«

»Nein, ich meine, dein Sohn … Ein Sohn, den du, wie soll ich sagen … geboren hättest.«

»Mein leiblicher Sohn?«

»Es heißt, du hättest eine Liaison mit einem Mann gehabt und wärest schwanger geworden …«

Die Ärmste wird ganz rot. Ich auch, aber vor Zorn. Ich dürfte auf solche Bosheiten gar nicht reagieren, aber das geschieht ganz automatisch – niemand lässt sich gerne kritisieren, genauso wenig ich. Schließlich bin auch ich nur ein Mensch. Manchmal kann ich mich darüber hinwegsetzen, und dann wieder nicht. In diesem Fall denke ich an jenen Satz Buddhas, den mein Meister bei solchen Gelegenheiten zitierte: »Sie tadeln dich, wenn du zu ruhig bist, sie tadeln dich, wenn du zu viel redest. Was immer du tun magst, sie tadeln dich. Auf der Welt gibt es immer Kritik und Bewunderung.« Ich denke auch an jenen Meister, den ich eines Tages im Fernsehen gesehen habe und der sagte: »Der Baum, der süße Früchte trägt, wird mit Steinen beworfen.« Manchmal brechen die Menschen auch die Zweige ab, um so an die Früchte zu gelangen. Aber das hindert den Baum nicht daran, weiter Früchte zu tragen. Man darf vor allem nicht aufhören, sonst verliert man seine Identität. Niemals aufgeben, niemals, was auch immer geschehen mag. Das ist eine Lehre des Dalai Lama.

Ignoranz und Bosheit gewisser kranker Gehirne schlagen stets unverhofft und an den unsinnigsten Stellen zu. Ich und ein Mann? Wäre das Gerücht nicht so gehässig, würde ich darüber lachen. Aber danach ist mir nicht zumute. Die ständige Kritik reibt mich am Ende auf. Ich weiß natürlich, dass ich es nicht allen recht machen kann, dafür bin ich viel zu eigenwillig, und, wie gesagt, es stört mich auch nicht. Doch da ich nicht schockieren möchte, zwinge ich mich bereits, mein Temperament zu zügeln. Was zum Beispiel das Salsa-Tanzen betrifft. Schon als kleines Mädchen habe ich leidenschaftlich gerne getanzt. In Nagi Gompa erging ich mich manchmal in zügellosen Choreographien, um meinen Meister mit meinen Sprüngen und improvisierten Schritten zu unterhalten. Einmal am Neujahrsfest ließ ich mich zu einem regelrechten Spektakel hinreißen, das alle Anwesenden amüsiert hat. Auch als Erwachsene tanzte ich weiter. Das geschieht ganz automatisch, mein Körper reagiert sofort auf Musik. Und Salsa war eine Art Offenbarung für mich. Ich habe sogar einen Kurs besucht. Die lateinamerikanischen Rhythmen beschwingen mich, ich bin wie elektrisch aufgeladen. Ich habe auch bei Abendgesellschaften, auf denen ich eingeladen war, getanzt. Dann kam mir zu Ohren, dass meine Verrenkungen heftige Reaktionen ausgelöst haben. Eine Nonne, die Salsa tanzt – die Vorstellung ist viel zu revolutionär, um in die Spatzenhirne mancher Leute zu passen.

Das kann ich verstehen. Also habe ich aufgehört, in der Öffentlichkeit zu tanzen. Von einer Nonne wie mir erwartet man ein genormtes Verhalten. Aber so bin ich nicht. Ich lasse mich in kein Schema pressen. Doch ich habe mit meiner Andersartigkeit nie schockieren wollen. Ich passe mich an.

In diesem Fall aber bin ich nur einem Baby zu Hilfe gekommen, das ohne mich sicher auf der Straße gelandet wäre und sein erstes Lebensjahr wahrscheinlich nicht überlebt hätte. Ich habe nichts Schlechtes getan. Ich halte mich an die wichtigsten Verpflichtungen meines Standes. Ich bin unverheiratet. Und sehr glücklich, es zu sein! Hätte ich mit einem Mann leben wollen, hätte ich es getan. Doch die körperliche Liebe reizt mich nicht. Man soll niemals nie sagen, und dennoch: Es besteht wohl kaum die Gefahr, dass ich eines Tages beschließen könnte, keine Nonne mehr zu sein.

»Fehlt Ihnen nichts? Und Ihr Gefühlsleben?«

Die Journalisten stellen mir leidenschaftlich gerne solche Fragen. Und ich antworte ihnen die Wahrheit. Meine Wahrheit.

Nein, mir fehlt nichts. Und letztlich glaube ich, dass ich mehr habe, als irgendeine andere Frau sich wünschen könnte. Ich bin frei. Ich kann die ganze Nacht schlafen und, wenn ich will, auch den Tag, kann reisen, sprechen, mit wem ich will, solange ich Lust habe. Niemand wird je wagen, mir zu sagen: »Nein, das darfst du nicht!«, oder: »Wie konntest du es nur wagen, ohne mich vorher zu fragen?« Ich gehe, wohin ich will und wann ich will. Und das ist für mich unbezahlbar. Mit einem Mann, selbst wenn ich in ihn verliebt wäre, würde sich dieser Zustand unweigerlich ändern. Heute bin ich frei, völlig frei, in körperlicher, finanzieller und geistiger Hinsicht. Ehrlich gesagt, weiß ich nicht, was ein Mann mir mehr bringen könnte … außer Probleme. Dann könnte ich ja gleich ins Gefängnis gehen …

Ich habe schon Gefühle für einen Mann gehegt, das will ich gar nicht bestreiten. Als ich jünger war, gefiel ich den Männern, ein oder zwei haben sogar bei meinem Vater um meine Hand angehalten! Ja, es gab eine Zeit in meinem Leben, als Heranwachsende, da habe ich mich für das andere Geschlecht interessiert. Das ist völlig normal und gehört zur Entwicklung des Körpers. Aber schon seit sehr langer Zeit empfinde ich kein körperliches Verlangen mehr. Vielleicht habe ich selbst zu viel maskuline Energie.

Ich habe sie bisweilen angesehen und ihre Schönheit bewundert. Aber ganz natürlich ist eine Barriere zwischen ihnen und mir entstanden: Ich weiß, es käme mich zu teuer zu stehen, mich mit einem von ihnen einzulassen. Vielleicht habe ich auch Angst. Ich kann nicht umhin zu denken, dass selbst der beste aller Ehemänner, Väter, Liebhaber eines Tages seine Frau betrügen wird. In meiner Umgebung habe ich das so oft erlebt …

Dabei fällt mir eine Geschichte ein, die Tulku Urgyen Rinpoche mir erzählt hat. Ich möchte sie als Beispiel für alle anführen, die mir nicht recht glauben. Eines Tages will eine tibetische Nonne das Kloster verlassen, weil sie sich verliebt hat. Am Tag vor ihrer Abreise kommt sie zu ihrem Meister, um Abschied zu nehmen. Er sagte zu ihr:

»Du willst also wirklich gehen? Nun gut. Aber tu mir

einen letzten Gefallen. Heute Nacht sollst du dieses kleine Paket im Arm halten. Die ganze Nacht über, das ist wichtig. Ich habe es für dich vorbereitet. Frag mich nicht, was es enthält, gewähr mir einfach ein letztes Mal dein Vertrauen.«

Das hübsche Paket unter dem Arm, erfreut über das seltsame Geschenk, kehrt die Nonne in ihr Zimmer zurück. Es kommt nicht in Frage, ihrem Meister ungehorsam zu sein, auch wenn sie sich anschickt, das Kloster zu verlassen. Sie legt sich hin und schließt das eigentümliche Bündel in die Arme. Es ist Winter, und draußen ist es kalt. In der Nacht wird sie von einem widerwärtigen Gestank geweckt. Er kommt von dem Paket. Sie überwindet ihren Abscheu und denkt an ihren Meister. Zwei Stunden später wacht sie wieder auf. Der Geruch ist unerträglich. Missmutig beschließt sie, das Paket vor die Tür zu legen.

Am nächsten Tag erweist sie ihrem Meister zum letzten Mal ihre Ehrerbietung.

»Nun, hast du gut geschlafen?«

»Meister, ich bin verwirrt, aber ich habe Ihre Anweisungen nicht befolgen können …«

»Ach ja, und warum?«

»Verzeihen Sie mir, aber das Paket, das Sie mir gegeben haben, hat entsetzlich schlecht gerochen …«

Der Meister bricht in schallendes Gelächter aus, er kann kaum sprechen, so sehr wird er vom Lachen geschüttelt. Schließlich fasst er sich und erklärt:

»Ja, das will ich gerne glauben. Es ist ein gefrorener Kuhfladen, den ich im Garten geholt und für dich in ein

Seidentuch gewickelt habe. In der Nacht ist er durch deine Körperwärme aufgetaut, hat seine eigentliche Konsistenz wiedergefunden und angefangen zu stinken.«

»Aber … warum, Meister, warum haben Sie mir dieses Geschenk gemacht?«

»Weil die Liebe sich so verhält wie dieses Paket: Von außen hübsch und zuerst anziehend. Dann, mit der Zeit, zerfällt sie und fängt an zu stinken!«

Die Geschichte erzählt nicht, ob die Nonne daraufhin im Kloster geblieben ist. Vermutlich nicht. Aber diese kleine Fabel hat mich immer amüsiert. Natürlich gibt es um mich herum auch glückliche Paare. Aber die Frau muss dennoch den Mann über alles, was sie tut, informieren, ihm ihren Terminkalender offenlegen. Ich weiß, dass ich das nicht ertragen könnte. Dafür ist mir meine Freiheit jetzt viel zu wichtig. Die einzige Instanz, auf die ich mich verlasse und der ich folge, ist mein Herz. Ich höre auf das, was es mir sagt: »Ja, tu das«, oder: »Nein, das solltest du nicht tun«. Auf niemand anderen. Niemals.

Eine solche Haltung bezeichnet man als feministisch. Warum nicht? Ich akzeptiere dieses Etikett. Aber ich lege großen Wert auf meine Weiblichkeit, und um nichts auf der Welt möchte ich ein Mann sein. Wir sind verschieden, und das müssen wir auch bleiben. Das scheint mir sehr wichtig zu sein.

Im Jahr 2000 wurde ich zu einer Konferenz der Vereinten Nationen über die Rechte der Frauen eingeladen. Ich bin aufgetreten, um über meine Schule zu sprechen, über die grundlegende Rolle der Erziehung und die Bedeutung gleicher Rechte für Männer und Frauen überall in der Welt. Das war eine einzigartige Gelegenheit. Und dennoch war ich während dieser Konferenz oft traurig. All diese intelligenten, gut ausgebildeten und starken Frauen, die dieselben Fehler begehen, die sie an den Männern kritisierten … Ich war schockiert darüber, dass manche der Gäste sehr fordernd, um nicht zu sagen arrogant, waren.

So verstanden und von Rachegelüsten geleitet, kann der Kampf um Gleichheit äußerst zerstörerisch sein. Wir Frauen dürfen nicht dieselben Verhaltensweisen wie die Männer an den Tag legen, nicht Dominanz, Diskriminierung und Groll unser Handeln bestimmen lassen. Wir sind viel stärker! Wir müssen uns unseres weiblichen Potenzials bewusst werden. Unseres Instinkts. Unserer Fähigkeit, uns um andere zu kümmern. Unserer Intelligenz. Unserer Sanftheit. Auf diese Vorzüge müssen wir vertrauen und sie aufwerten. Ich denke, das ist wirkungsvoller, als in die Welt hinauszuposaunen: »Wir werden euch zeigen, wie stark wir sind!« In meinem Redebeitrag habe ich versucht, meine eigenen Qualitäten zu unterstreichen. Ich habe es nicht nötig, die Fehler der Männer nachzuahmen … Ich bin weder besonders intelligent noch besonders gebildet, aber eines weiß ich genau: Wenn einem etwas nicht gefällt, muss man die entgegengesetzte Richtung einschlagen.

Aber es ist auch klar, dass wir kämpfen müssen. Mit unseren Waffen, ohne Schwäche zu zeigen. Und ohne Hass. Ich habe gelernt, die Männer zu lieben, ich, die ich sie so abgrundtief verabscheut habe. Für mich war jeder Mann wie mein Vater. Vollständige Ablehnung. Jeglicher Kompromiss war unmöglich. Durch meinen Meister, der mir eine andere Seite der Männer gezeigt hat – eine warme, gute, liebende und schützende –, habe ich mich verändert. Doch ihrem Ego gegenüber hege ich noch immer Misstrauen, das stärker ist als ich. Mit meinem Sohn ist das etwas anderes. Er ist noch klein, keine zehn Jahre alt, und lebte bis zum letzten Jahr ausschließlich unter Nonnen. Dann habe ich beschlossen, ihn in einem Internat einzuschreiben, um ihn diesem ausschließlich weiblichen und sehr behüteten Milieu zu entziehen, damit er sich in einer gemischten Umgebung entwickeln kann. Jetzt besucht er eine Privatschule und bekommt eine gute Ausbildung; er lernt Englisch und findet Freunde seines Alters. Aber was auch geschehen mag, mein Sohn hat eine gute Schule durchlaufen – im wahrsten Sinne des Wortes. Ich bin absolut sicher, dass er die Frauen sein ganzes Leben lang respektieren wird, denn er weiß, wie mutig und gut sie sind. Doch das ist leider nicht die Weltsicht vieler Männer. Ich bin schon in äußerst heikle Situationen geraten, in denen »mann« sich ermutigt glaubte, mir Avancen zu machen. Dabei denke ich vor allem an einen. Der Freund eines Freundes. Charmant, witzig, wirklich sehr nett. Ich traf ihn regelmäßig. Ich bin sehr warmherzig und alles andere als schüchtern. Das ist meine Art. Dieser hat meine freundschaftliche Haltung als Aufforderung verstanden. Ich musste ihn abweisen und war sehr schockiert darüber, dass er mir solche Absichten unterstellen konnte. Es hat nie jemand versucht, mich zu missbrauchen. Aber mehrere Männer hatten völlig unpassende Intentionen. Hände, die länger verweilten, als sie sollten, und dann beschämt zurückgezogen wurden. Ich bin nicht daran gestorben, aber das war eine äußerst unangenehme Erfahrung.

»Nehmt euch auf der Reise vor Männern in Acht. Es ist durchaus möglich, dass einige versuchen werden, sich euch zu nähern. Ihr seid jung, und selbst wenn eure Schädel kahl geschoren sind, seid ihr doch Frauen.«

Eine kleine Gruppe meiner Schülerinnen brach nach Indien auf, und ich wollte sie warnen. Mit den jungen Nonnen meiner Schule spreche ich normalerweise nicht über körperliche Belange – dazu haben wir viel zu viel Schamgefühl. Und dennoch. Gewisse kleine Warnungen können den Lauf eines Lebens verändern.

»Wenn dir ein Mann süße Schwüre ins Ohr haucht, glaub ihm nicht. Behalt einen klaren Kopf. Du kennst deine Ziele, du weißt, was in deinem Leben wichtig ist. Vergiss nie, was du dir für deine Zukunft vorgenommen hast.«

Das sage ich meinen Mädchen, wenn ich spüre, dass sie in Gefahr sind.

Frauen können hervorragend ohne Männer auskommen, dessen bin ich mir ganz sicher. Nicht Mutter zu werden hingegen ist wesentlich schwerer. In einer Phase meines Lebens, als ich etwa fünfundzwanzig Jahre alt war, hatte ich den unwiderstehlichen Wunsch nach einem Kind. Ich wollte ein Kind austragen, spüren, wie das Leben in mir wächst. Es war eine Obsession. Sie verfolgte mich bis in meine Träume … Ich habe mit Freundinnen darüber gesprochen, aber alle haben sich über mich lustig gemacht. Denn ich war absolut nicht bereit, mich einem Mann zu nähern, und das machte die Sache paradox. Dieser Drang hat etwa ein Jahr gedauert, dann war es schlagartig vorbei.

Und anschließend kam Sonam zu mir, ohne dass ich irgendetwas getan hätte. Ich habe ihn aufgenommen, ohne nachzudenken. Die positiven Ereignisse geschehen oft auf diese Weise. Weil es unser Karma ist. Sonam ist der einzige Mann, der je mit uns in der Schule gelebt hat, und weder die Lehrerinnen noch die Nonnen haben sich je über ihn beklagt.

BEGEGNUNG MIT EINEM HEILIGEN

21. März 2001. Ich habe nicht das geringste Gedächtnis für Daten und bin außerstande, die genaue Chronologie der meisten Ereignisse in meinem Leben aufzulisten. An dieses Datum aber erinnere ich mich: 21. März 2001. Der Tag, an dem ich seiner Heiligkeit, dem Dalai Lama, begegnet bin. Ich hätte es niemals gewagt, um eine Privataudienz zu bitten – aus lauter Angst, ihn zu stören und ihm seine kostbare Zeit zu stehlen. Es war eine Freundin, die mich dazu überredet hat. Und er hat sich die Zeit genommen.

Eines Abends gegen zweiundzwanzig Uhr saß ich im Büro meiner Schule, und Pema, meine Schulleiterin, blickte sorgenvoll drein. Die Mädchen waren zu Bett gegangen, die Hunde schliefen brav zu unseren Füßen. Die Geräusche der Stadt – lautes Hupen, Reifenquietschen, Motorengeheul – schienen für eine Weile ausgesetzt zu haben. Pema wollte mit mir reden. Wir haben nicht oft Gelegenheit, uns in Ruhe zu unterhalten. Ich kam gerade von einem Konzert, das ich in Singapur gegeben hatte, und wie jedes Mal nach einer solchen Reise, egal, ob sie kurz oder lang war, dachte ich bei mir: »Wir müssten uns vergrößern.« Innerhalb weniger Jahre hat sich die Schule gefüllt. Kein einziger Raum ist mehr frei, jeder Quadratmeter wird genutzt. Aus den anfänglich sieben Nonnen sind inzwischen an die dreißig geworden. Manche schlafen zu acht in einem Zimmer. Die Mund-zu-Mund-Propaganda hat bestens funktioniert, was mich nicht überrascht: Die Nachricht von der Eröffnung eines Zufluchtsorts für junge Nonnen, die so dringend der Aufmerksamkeit und Bildung bedürfen, kann nur Interesse wecken. Einige kommen sogar aus Indien und Tibet. Alle sind arm, viele haben kaum mehr Angehörige. Sie treffen ein, als befänden sie sich auf dem direkten Weg zur Hölle. Sie hatten Glück, hier vor der Endstation ausgestiegen zu sein.

Wir leben dicht gedrängt in dem ehemaligen Reisebüro. Zusammengepfercht, aber glücklich. Bedauerlicherweise bin ich bisweilen gezwungen, Neuzugänge abzulehnen, bis wir endlich umgezogen sein werden. Das tut mir in der Seele weh, aber uns bleibt keine andere Wahl. Manche Fälle sind so ausweglos, dass ich versuche, Übergangslösungen zu finden, um die Mädchen nicht ganz fallenzulassen.

Letzte Woche tauchte eine Sechzehnjährige bei uns auf. Sie war entsetzlich mager, trug ihren orangefarbenen Schal fest um sich gewickelt und warf ängstliche Blicke auf die Straße. Ihre Familie kam aus der Region von Manang in Zentralnepal. Sie hat sich in einem Dorf an der Peripherie von Kathmandu niedergelassen, wo ihre Mutter, von ihrem

Mann verlassen, allein ihre sieben Kinder aufzieht. In der Manangi-Tradition nimmt sich ein Mann eine Frau, wie es ihm passt. Einfach so. Vor einem Jahr ist dieses Mädchen sozusagen gekidnappt worden. Durch eine Zwangsheirat wurde sie die Ehefrau eines entfernten Bekannten ihrer Eltern. Sie war fünfzehn Jahre alt, ihr Mann sehr viel älter. Bei uns wird fast jede Frau ohne Rücksicht auf ihren eigenen Willen verheiratet. Und will sie nicht mit ihrem Mann schlafen, zwingt er sie dazu. Sie hat sich den Bedürfnissen ihres Mannes unterzuordnen, und fertig. Im Westen nennt man das Vergewaltigung. Nicht in Nepal: weil sie verheiratet sind! So denken hier viele Menschen. Nach drei Monaten ist er plötzlich gestorben. Glücklicher- oder unglücklicherweise. Als sie beschloss, in ihr Elternhaus zurückzukehren, wollte ihre Schwiegermutter sie nicht gehen lassen und hat sie quasi eingesperrt. Die junge Frau hat alles Mögliche versucht, und der einzige Weg zu entkommen, war, Nonne zu werden. Sie hat im nächstgelegenen Kloster Zuflucht gesucht und ist dann, ich weiß nicht wie, bei mir aufgekreuzt. Ich habe sie aufgenommen. Wie hätte ich sie abweisen können? Härtefälle wie der ihre sind hier häufig … Gewalt und Elend sind an der Tagesordnung. Wenn ich ihnen begegne, strecke ich ihnen, wann immer ich kann, die Hand entgegen.

»Die Mädchen lieben dich, weißt du …«

»Ich sie auch!«

»Du bist für sie Mutter, Heldin, Hoffnung … Weißt du, was mir Kituba heute gesagt hat? ›Ich habe das Foto von Ani Choying und das von Seiner Heiligkeit … Aber mein Nachttisch ist ganz klein. Ani müsste sich zusammen mit dem Dalai Lama fotografieren lassen!‹ Sie ist ein so nettes Mädchen …«

»Ja, das stimmt. Sie hat sich gut eingelebt.«

»Aber weißt du, ich finde, sie hat recht.«

»Dass ihr Nachttisch zu klein ist?«

»Nein. Du solltest Seine Heiligkeit aufsuchen.«

Seit eine amerikanische Freundin mir diese Idee eingeflüstert hat, geht sie mir im Kopf herum, und mir wird klar, dass ich mir unbewusst nichts sehnlicher wünsche. Im Grunde meines Herzens träume ich davon, einen Augenblick mit ihm verbringen zu dürfen, die Gelegenheit zu haben, ihm von meiner Schule und meinen jungen Nonnen zu erzählen. Einmal bin ich ihm schon begegnet, in Washington, anlässlich eines tibetischen Kulturfestivals, das von einem großen Museum, der Smithsonian Institution, organisiert wurde. Er war Ehrengast, und ich hatte das Glück, seinen Segen zu empfangen.

Schließlich schicke ich ein Audienzgesuch mit der Post und erhalte bereits drei Wochen später eine positive Antwort. Unglaublich! Ich soll mich in Dharamsala, der indischen Stadt einfinden, in der der Dalai Lama seit seiner Flucht aus dem von China besetzten Tibet im Jahr 1959 seinen Wohnsitz hat (und die zugleich Sitz der tibetischen Exilregierung ist). Das Schicksal dieses besetzten Landes, wie das von Afghanistan, dem Irak und Palästina, liegt mir am Herzen. Die Menschen dort fürchten um ihr Leben und leben ständig in Angst. Das trifft mich sehr. Wer verkörpert die Gewaltlosigkeit in dieser Welt besser als der Dalai Lama? Ich versuche, seinen Prinzipien zu folgen, um eine gute Buddhistin, ein guter Mensch zu sein.

Ich bemühe mich, meine Herzensqualitäten, Freundlichkeit, Mitgefühl und Liebe zu entfalten. Trotz der unerträglichen Situation in dem von den chinesischen Kommunisten besetzten Land verurteilt der Dalai Lama alle Gewalttaten, egal ob sie von Tibetern oder von Chinesen begangen werden. Gewalt entsteht in all jenen Ländern der Welt, in denen es keine Freiheit, Gerechtigkeit und Achtung der Menschenrechte gibt. Denn in Tibet geht es heute um die Menschenrechte und humanistischen Werte. Es ist natürlich auch ein weltweites Problem. Heute feiert das Kosovo die Anerkennung seiner Unabhängigkeit durch die anderen Nationen. Wir wollen mit aller Kraft unserer Seelen beten, dass auch Tibet bald den Tag seiner Freiheit feiern kann und dass Seine Heiligkeit, der Dalai Lama, und sein Volk in ihr Land Tibet zurückkehren können. *Friede in Tibet, Friede in China, Friede in der ganzen Welt!*

Ich werde am 21. März erwartet! Schon lange war ich nicht mehr so glücklich. Für die Buddhisten und besonders die Tibeter ist eine Begegnung mit dem Dalai Lama, dem spirituellen Oberhaupt aller Buddhisten, der Traum schlechthin. Für mich wird er Wirklichkeit. Wie ein Kind halte ich den zerknitterten Brief die ganze Nacht über in der Hand. Um vier Uhr morgens liege ich noch immer wach. Unmöglich zu schlafen. Was schenke ich ihm? Die Tradition verlangt, dass man ein Geschenk mitbringt, und ich möchte ihm etwas wirklich Schönes überreichen. Ich grüble und grüble, doch mir fällt nichts ein. Mein müder Geist weiß sich nicht zu entscheiden, sich nicht einmal auf eine gute Idee festzulegen. Wie ein Radar, das die Richtung verloren hat, spielt mein müdes Gehirn alle Möglichkeiten durch, ohne eine festzuhalten, lässt ein Dutzend Mal dasselbe Bild Revue passieren, pickt wie ein Huhn und kann sich nicht entscheiden. Ich gerate in Stress. Was kann ich für ihn finden, das meine Freude zum Ausdruck bringt, ihm begegnen zu dürfen? In meiner Fantasie stelle ich mir dieses Treffen schon vor. Ich habe beschlossen, meinen Assistenten Paulo, einen Amerikaner, zu bitten, mich zu begleiten. Ich will nicht allein reisen und weiß, dass Paulo mich bestens unterstützen wird. Vor allem verlasse ich mich darauf, dass er diese Begegnung auf einem perfekten Foto festhalten wird.

Der große Tag kommt. Ich weiß nicht, was überwiegt, Freude oder Furcht, auf jeden Fall bin ich wahnsinnig aufgeregt. Paulo und ich sind eineinhalb Stunden zu früh da. Er hat versucht, mich noch ein Weilchen im Hotel zurückzuhalten, doch ich konnte nicht bleiben, hatte zu große Angst, zu spät zu kommen, und sei es nur um eine Minute. Wir warten. Wir befinden uns am Wohnsitz des Dalai Lama, dort, wo er seine Besucher empfängt. Auf einem winzigen Stuhl sitzend, die Ellenbogen auf den Knien, versuche ich, zur Ruhe zu kommen. Kalte Schauer laufen mir über den Rücken. Hoffentlich wird er nicht meine Hände berühren; sie sind feucht und eiskalt.

Ich weiß nicht mehr, wie ich vor ihn getreten bin. Die Angst hat wohl mein Gedächtnis gelähmt. Unser Gespräch hat etwa zehn Minuten gedauert, und die ersten sind mir nur noch verschwommen in Erinnerung. Er sitzt am Ende eines großen Raumes, an seiner Seite nur ein einziger Mönch. Mit gesenktem Kopf gehen Paulo und ich auf ihn zu. Wir knien zu seinen Füßen nieder, und ich überreiche ihm die *Khata*, diesen weißen seidenen Begrüßungsschal als Zeichen der Ehrerbietung. Von diesem Augenblick an sind meine Erinnerungen präzise. Meine ganze Nervosität, die mich bis dahin gefesselt hat, fällt wie ein bleierner Mantel von mir ab. Als Seine Heiligkeit mich ansieht, liegt so viel Güte in seinen Augen, dass mich die Emotionen überwältigen. Ich spüre sofort, wie ehrlich er ist, demütig, herzlich und eins mit sich selbst.

Ich reiche ihm mein Geschenk. Nach langem Zögern habe ich mich für eine wunderschöne kleine bronzene Buddha-Statue entschieden, die ich in Kathmandu gekauft habe. Es sollte eine symbolische Gabe sein. Er nimmt sie entgegen, betrachtet sie aufmerksam, reicht sie seinem Assistenten. Ich weiß sehr wohl, dass er sie nicht für sich behalten, sondern verschenken wird. Das ist unwichtig. Er erhält so viele Gaben, dass er ein ganzes Museum damit füllen könnte, wollte er sie alle aufbewahren. Das kann ich gut verstehen. Besser, er macht einen anderen damit glücklich, statt sie in eine Ecke zu räumen, wo niemand sie mehr sehen wird.

Anschließend zeige ich ihm ein Foto von meiner Schule und meinen Schülerinnen. Ich erkläre ihm mein Projekt. Die Nonnen, die Ausbildung … Ich habe mir diese Präsentation wohl schon hundertmal im Kopf aufgesagt. Doch bevor ich ins Detail gehen kann, unterbricht er mich auf Tibetisch:

»Ich hoffe, du bringst ihnen nicht nur das Beten bei?«

»Nein, nein, nicht nur …«

»Du musst sie auch lesen und schreiben lehren und die englische Sprache.«

»Ja, Eure Heiligkeit.«

»Gut, gut, gut … Falls du in Zukunft bei deiner Arbeit auf das geringste Problem stößt, lass es mich wissen. Und jetzt wollen wir ein Foto machen!«

Ich bin erleichtert, denn Paulo, der viel gestresster ist als ich, scheint völlig vergessen zu haben, dass er mit seiner Kamera gekommen ist. Der Dalai Lama hat es selbst vorgeschlagen, und das erfüllt mich mit Freude. Wir posieren lächelnd. Wenn ich das Bild betrachte, erkenne ich dieses Leuchten in meinem Blick: Ich bin stolz und glücklich. Wir unterhalten uns noch ein Weilchen. Ich habe eine weitere Bitte. Ich möchte, dass er seinen Namen auf ein großes Blatt Reispapier schreibt, das ich mitgebracht habe, und einen kleinen Gruß auf Tibetisch für meine Schülerinnen. Er greift zur Feder. »Ich wünsche Euch Glück und Erfolg für Euer zukünftiges Leben« und darunter seine Unterschrift.

Ich bin selig.

Als wir den Raum verlassen, schwebe ich gleichsam auf einer Wolke und halte das Blatt mit der Widmung an mein Herz gedrückt. Zwei Tage später kehren wir nach Nepal zurück. Sobald ich auf Reisen gehe, egal wie weit und welche Wunder mich an meinem Ziel erwarten, drängt es mich doch immer wieder heimzukehren. Außerdem mache ich mir langsam Sorgen um meine Mutter. Vor meiner Abfahrt fand ich sie müde, abgespannt, blass – sie, die sonst immer rosige Wangen und ein Lächeln um die Lippen hat. Ich habe soeben den Segen des meistbewunderten Mannes der Welt empfangen und fühle mich stark und überglücklich. Seine Unterstützung hat mich in meiner Überzeugung bestärkt, dass ich arbeiten, hart arbeiten muss, um mein Ziel zu erreichen. »Handeln ist lauter als Worte«, diesen Satz hat mir einmal ein Freund gesagt. Er hat recht. Innerhalb weniger Jahre ist aus einer einfachen singenden Nonne eine Schuldirektorin geworden, die für etwa dreißig junge Mädchen verantwortlich ist. Anfangs waren die Beobachter skeptisch. Heute beglückwünscht mich der Dalai Lama zu meiner Arbeit. Ich bin stolz und voller Energie. Wie ein Konzentrat aus Willen und Zuversicht. Ich muss noch weiterkommen. Muss fortfahren. Jeder kann auf seiner Ebene die Welt verbessern. Man muss es nur wagen und wirklich großzügig sein. Man darf sich nicht darüber grämen, dass man so vieles nicht geben kann, sondern muss das, was man kann, von Herzen geben. Die Welt braucht Heilige. Aber auch normale, einfache Menschen, die fähig sind, das Leid der anderen zu verstehen. Mehr denn je zuvor schöpfe ich meine Kraft aus dem Willen zu helfen. Ich weiß, dass ich noch nützlicher sein kann. Voller Tatendrang kehre ich nach Kathmandu zurück.

STEIL BERGAUF

In den folgenden Jahren habe ich wirklich sehr schwer gearbeitet. Ich habe jährlich etwa fünfzig Konzerte gegeben und dabei den Globus umrundet: Frankreich, Deutschland, die Vereinigten Staaten, Japan, Hongkong … Sicherheitsschleusen am Flughafen, Drehkreuze in der U-Bahn, Taxi-Rücksitze – ich wechsle die Transportmittel ebenso häufig wie die Ziele. Ich habe zwar das Grundstück für die »richtige« Arya Tara School kaufen können, doch für die Bauarbeiten fehlen mir noch die Mittel. Freddie war schon großzügig genug, ich kann ihn nicht noch einmal um Hilfe bitten. Es bleiben mir sechstausend Dollar, aber das reicht nicht. Ich brauche mehr, viel mehr Geld, und das muss ich anderswo finden. Oft sind die Tourneen anstrengend, aber es gibt auch wundervolle Momente. Wie etwa das Konzert von Céline Dion in Paris. Meine Freunde lieben diese Geschichte und lassen sie mich immer wieder erzählen. Auf der Durchreise in Frankreich hatte mich der amerikanische Action-Schauspieler Steven Seagal zu einem Konzert eingeladen. Ich war Steven im Jahr zuvor in

Nagi Gompa begegnet, als der bekennende Buddhist dem Enkel meines Meisters einen Besuch abstattete. Wir haben uns angefreundet. Natürlich hatte ich einige seiner Filme gesehen, und wir hatten im Kloster ein gutes Verhältnis zueinander. Zufällig habe ich ihn dann in Frankreich bei einem tibetischen Festival in Lyon wieder getroffen. Dazu eingeladen hatte mich mein Freund Pierre-Yves Ginet, ein französischer Fotograf, den ich 1999 kennengelernt hatte, als er eine Reportage über tibetische Nonnen machte. Und wir sind Freunde geworden – und mehr als das, denn ich betrachte Pierre-Yves als meinen »französischen« Bruder. In Lyon treffe ich also erneut auf Steven. Wir freuen uns beide über das Wiedersehen, und er lädt mich zum Konzert von Céline Dion ein, das einige Tage später in Paris stattfindet. Von ihr kenne ich nur die Filmmusik zu *Titanic: My heart will go on.* Ich liebe diesen Film. Also nehme ich gerne an.

Steven wohnt im selben Hotel wie Céline, und er hat es fertiggebracht, dort auch noch ein Zimmer für mich zu bekommen. Wenn ich die Gelegenheit habe, macht es mir Freude, in Luxushotels abzusteigen. Nach dem Konzert werden Céline und ich zusammen in der Hotelhalle fotografiert. Meine Freunde haben noch nie von ihr gehört, bis ich von der Reise zurückkehrte und ihnen das Bild zeige. Als sie begreifen, wie bekannt sie ist, belustigt es sie, dass ich mit großen Stars Umgang pflege.

Die Konzerte und die Begegnungen auf meinen Tourneen machen mir sehr viel Freude. Aber ich muss gestehen, dass mir meine Familie, mein Zuhause und meine Schule fehlen. Ich sehe meinen Sohn nicht heranwachsen, ich bin ständig unterwegs, fern von den Meinen. Ich bin ausgelaugt und oft körperlich am Ende. Aber mein Verstand sagt mir, ich müsse weitermachen, weil es wichtig ist. Ich schöpfe aus meiner mentalen Energie und denke an die Mädchen, die ich durch meine Arbeit aufnehmen und ausbilden kann. Dann bin ich sofort wieder in Form und glücklich. Ich werde im wahrsten Sinne des Wortes von meinem Ziel beflügelt. Es ist eine schwindelerregende, ermüdende und zugleich stimulierende Spirale. Aus jener Zeit stammt einer meiner Spitznamen: »Ani Bond«, wie James Bond. Eine deutsche Freundin hat ihn mir während meiner Europatournee im Jahr 2001 verpasst, als sie mich am Bahnhof in Ulm abholte.

Nach meinen Konzerten verkaufe ich Souvenirs aus Nepal, CDs, hübsche Seiden- oder Pachminaschals, kleine von Nepalesinnen hergestellte Schmuckstücke … Und alles, was meine Einnahmen erhöht! Die Zuschauer kaufen gerne ein Andenken, und während ich meine Alben signiere, nehme ich den geschäftlichen Teil wahr. Im Allgemeinen meistere ich beides alleine.

Ebenso den Transport. Ich spare, wo ich kann, und habe nicht die Mittel für eine separate Beförderung: Es kommt nicht in Frage, dass ich dafür mehr Geld ausgebe, als der Verkauf mir einbringt. Also packe ich alles in meine Koffer und trage es von Stadt zu Stadt, von Zug zu Zug, und bepackt wie ein Maulesel fürchte ich, den Anschlusszug zu verpassen. Mein Albtraum ist das Umsteigen: Oft bin ich ganz alleine, es gibt weder Aufzug noch Rolltreppe, und ich muss schleppen wie ein Tier.

An diesem Tag komme ich auf dem Bahnhof in Ulm an,

zwei orangefarbene Poloshirts übereinander, um Platz im Koffer zu sparen. Mit zusammengebissenen Zähnen und hochroten Wangen, schweißgebadet, eine Ader an meinem kahlgeschorenen Kopf tritt hervor. Ich habe einen riesigen Koffer, der fast so groß ist wie ich. Ich höre schon das Signal, das das Schließen der Türen ankündigt, als mir ein Mann das letzte Gepäckstück herausreicht. Uff! Ich hebe den Kopf und begegne dem verblüfften und zugleich bewundernden Blick meiner Freundin.

»Sag mal, du bist ja verrückt, all das Zeug alleine herumzuschleppen. Du machst dir noch den Rücken kaputt!«

»Und wie soll ich das sonst anstellen? Ich muss schließlich meine Koffer aus dem Zug holen, ehe er weiterfährt. Aber erst mal guten Tag …«

»Meine liebe Ani, was du da mit dir rumträgst, ist doppelt so schwer wie du selbst. Du erinnerst mich an eine fleißige Ameise, die ständig rennt und immer die stärkste sein will. Oder nein! Eigentlich eher an James Bond. Bond, Ani Bond, genau das ist es! Diejenige, für die keine Mission unmöglich ist, die bis zum Letzten kämpft …«

»Weißt du, der Inhalt jedes dieser Koffer gibt mir die Möglichkeit, meine Schule zu bauen, da lohnt sich die Mühe …«

Und das stimmt. Mit diesem System verdiene ich ziemlich viel Geld: Platte für Platte, Dollar für Dollar habe ich mit Geduld und Beharrlichkeit jeden Stein von Aray Tara School finanziert. Natürlich haben mir großzügige Mäzene geholfen, und ohne sie hätte ich mein Vorhaben nie zu Ende bringen können. Ich habe das Glück, überzeugend zu sein. Und das bin ich, weil dieses Projekt mir so sehr am

Herzen liegt, dass ich ihm mein ganzes Leben widme. Ein amerikanisches Ehepaar hat mir siebzehntausend Dollar gespendet. Und auch viele kleine karitative Organisationen in der ganzen Welt haben mich unterstützt, indem sie mir hier zweitausend, dort dreitausend Euro geschenkt haben. Vor allem in Deutschland haben mir viele Menschen wirklich geholfen, nicht nur mit Geldspenden, sondern auch indem sie meine Tourneen organisiert und mich von Stadt zu Stadt gefahren haben. Ohne sie hätte ich sicher nie all das erreicht, was ich heute habe.

Mit viel Geduld und Arbeit kann ich schließlich den Bau meiner Schule beginnen. Ich habe das Grundstück, ich habe Geld – bleibt das Wichtigste: die Geister zu überzeugen. Nach der tibetisch-buddhistischen Tradition muss man, wenn man sich auf einem Landstück niederlassen oder bauen will, die Geister (sie sind die ursprünglichen Besitzer) um Erlaubnis bitten und ihnen durch rituelle Zeremonien ein Geschenk darbringen. Unterwirft man sich dieser Regel nicht, so können, nach unserer Überzeugung, Schwierigkeiten bei den Bauarbeiten auftreten.

Also organisiere ich, als ich wieder in Nepal bin, eine Zeremonie an jener Stelle, an der meine Schule entstehen soll. Dazu habe ich Chagmey Rinpoche, einen sehr angesehenen buddhistischen Meister, meine Eltern und einige Freunde eingeladen. Wir sind etwa zwanzig Personen auf »meinem« Hügel. Der Himmel ist klar, die Luft sauber. Ein mit frischen Blumen geschmückter Altar ist aufgestellt, der Reis als Opfergabe in kleine Schälchen verteilt, und der Duft der Räucherstäbchen steigt mir zu Kopf. Wir haben einen Kreis um den Mönch gebildet, der Mantras rezitiert. Ein anderer im Lotussitz murmelt ein Gebet und bittet die Geister um ihr Einverständnis, auf dieser jungfräulichen Erde zu bauen.

Ich betrachte die andächtige Versammlung. Einer fehlt natürlich. Mein Herz zieht sich zusammen. Als ich den Kopf nach rechts wende, sehe ich einen Lichtschein in der großen Fensterfront des Klosters, in das sich mein Meister zurückzuziehen pflegte. Ich könnte schwören, dass es das Fenster seiner Kammer, ganz links, ist. Plötzlich kommt mir eine Erinnerung: Das erste Mal, als ich ihn begleitet habe, muss ich etwa sechzehn Jahre alt gewesen sein. Ich war von überschäumender Energie, und Meditation war nicht meine starke Seite. Ich spielte in der Umgebung des Klosters und verbrachte meine Tage draußen. Ich liebte es auch, von meinem Fenster aus das Tal zu betrachten. Eines Tages bin ich auf einen großen Felsbrocken geklettert und habe die Arme ausgebreitet wie ein Vogel. Der Wind kam von hinten und war wie eine Lehne in meinem Rücken. Von dort aus konnte ich das ganze Tal überblicken. Ich erinnere mich, dass ich gedacht habe: »Wie gerne möchte ich auch eines Tages einen solchen Ort besitzen …«

Mein Wunsch ist erhört worden. Ein Sonnenstrahl lässt die Scheibe, die von hier aus winzig wirkt, aufblitzen. Wie ein Stern am helllichten Tag. Ich weiß, das ist ein Zeichen. Ich schweige und lächle. Ich bin glücklich und erfüllt wie ein Reisender, der nach langer Irrfahrt wieder nach Hause kommt. Ich weiß, dass mich viel Arbeit erwartet, aber ich habe es eilig, mich in dieses Abenteuer zu stürzen. Wer hätte gedacht, dass ich, Pomo, ein Kind aus Bodnath, das niemals eine Puppe besessen hat und für das fünfhundert Rupien (fünf Euro) ein Vermögen waren, es eines Tages schaffen würde, eine Schule zu bauen und meinen kleinen armen Schwestern zu helfen, ihrem Schicksal zu entgehen? Vermutlich der Stern, der mir sein Licht zuwirft.

Kurz darauf beginnt der Bau. Bei den Erdarbeiten hilft die ganze Schule. Die Mädchen tragen die Säcke und graben lachend, glücklich, mir zu helfen und bei diesem großen Plan mit von der Partie zu sein. Aber meine Freude wird durch ein ernsthaftes Problem gedämpft: das Wasser. An diesem Teil des Berges an fließendes Wasser zu kommen, ist sehr schwierig. Im Nachbardorf Pharping gibt es eine Zisterne. Es ist ein typisch nepalesisches Dorf: mehrere Lehmhäuser, davor gelangweilte Männer, und schließlich Kinder, die im Schlamm mit Steinen spielen. Die Dorfbewohner pumpen das Wasser von einer Quelle auf der anderen Seite des Berges herüber, aber nur wenige von ihnen können es sich leisten, an der Wasserversorgung teilzuhaben. Natürlich wende ich mich an die Bewohner und frage, ob ich – gegen ein entsprechendes Entgelt, versteht sich – diese Einrichtung nutzen kann. Die Antwort ist prompt und verblüffend: Ja, aber nur, wenn ich mich großzügig erweise. Sehr großzügig. Der Dorfvorsteher verlangt eine Spende, eine enorme Summe, die ich nicht bezahlen kann. Meine neuen Nachbarn sind neidisch und sehen meine Ankunft nicht gerne. Sie glauben, ich sei sehr reich, und wollen nicht leer ausgehen.

»Wenn Sie Wasser wollen, kostet das hundertfünfzigtausend Rupien (etwa tausendvierhundertachtzig Euro).«

»Das ist wohl ein Scherz, das kann ich nicht …«

»Aber Sie müssen ja Geld haben, wenn Sie auf unserem Land bauen.«

»Später ist da bestimmt etwas zu machen, meine Situation wird sich verbessern, und auch Sie werden davon profitieren, glauben Sie mir, aber im Moment kann ich das nicht bezahlen. Sie wollen eine Spende, doch so weit ich informiert bin, kann der Geber den Betrag frei wählen. Ich habe noch nie erlebt, dass jemand die Summe für eine Spende vorschreibt …«

»Einmal ist immer das erste Mal, und wenn Sie nicht zahlen können, haben Sie eben Pech gehabt …«

»Aber wenn Sie mir den Zugang zum Wasser verweigern, komme ich nicht weiter und werde Ihnen nie helfen können.«

Die Situation ist absurd, doch das ist ihnen egal. Sie sind vollkommen borniert. Meine neuen Nachbarn sind sicher keine schlechten Menschen, aber sie sind arm und versuchen, aus meiner Abhängigkeit Kapital zu schlagen. Ihr Egoismus macht mich wahnsinnig, ihre Bosheit treibt mich zur Verzweiflung. Dieser Impuls ist stärker als ich. Ich versuche, ihn zu bekämpfen, doch innerhalb weniger Wochen gewinnt mein Ego die Oberhand. Ich bin nicht perfekt, und angesichts bestimmter Verhaltensweisen verlässt mich meine Vernunft. Ich beschließe, dass ich, egal wie, Wasser bekommen werde, selbst wenn ich es woanders teurer bezahlen muss. Um nichts auf der Welt will ich meinen Nachbarn auch nur eine Rupie geben. Ich werde von meinem Stolz geleitet. Bedauerlicherweise. Aber mein Zorn ist zu groß. Wenn es sein muss, werde ich mit bloßen Händen graben, bis ich auf Wasser für meine Schule stoße. Mein Wasser. Und ich werde es mit niemandem teilen. Ich werde ihnen beweisen, dass ich, Ani Choying, alles bekomme, was ich will!

Während der gesamten Bauarbeiten lasse ich das kostbare Nass aus einem anderen, einige Kilometer weiter entfernten Dorf kommen. Das ist umständlich, kompliziert und teuer. Treffe ich die Bewohner von unten, so ignoriere ich sie mit Fleiß. Um zu meiner Schule zu gelangen, muss ich durch ihre Hauptstraße fahren. Sie blicken mir nach, aber ich starre nur auf die holprige Straße vor mir. Meine zukünftige Schule thront auf einem Hügel etwa hundert Meter oberhalb des Dorfes. Ich lasse es ohne Bedauern hinter mir zurück. Mein Groll nährt den ihren und umgekehrt. Natürlich dürfte ich nicht derart negative Gedanken haben. Doch auch wenn ich seit jeher Buddhistin und seit fast fünfundzwanzig Jahren Nonne bin, muss ich noch an mir arbeiten!

Irgendwann lässt mein Zorn nach. Ich begreife, dass meine Haltung nicht konstruktiv ist, sondern eher wirkungslos, wenn nicht gar destruktiv. Mir wird klar, dass nur ich selbst mir helfen und das Nötige unternehmen kann, um meinen inneren Frieden zu finden und glücklich zu sein. Und ich beschließe, auf die Situation zu reagieren. Ich kann das Problem durchaus regeln, zunächst indem ich den Dorfbewohnern nicht länger verüble, dass sie mir ihr kostbares Wasser vorenthalten. Sie leben zwei Schritte von mir entfernt, und ich habe nicht die Mittel, einen Krieg mit ihnen auszutragen. Dabei würde jede Partei verlieren, sie so wie ich. Darum muss ich ihre Herzen erobern. Dann werden sie mich mögen und sogar unterstützen! Es ist so, als hätte ich meinen inneren Scheinwerfer in eine andere Richtung gelenkt. Ich denke um, nähere mich dem Problem aus einer anderen Perspektive. Ich entscheide mich also, ein Wasserversorgungssystem zu bauen. Und ich werde den Dörflern erlauben, es zu nutzen. Ein deutsches Ehepaar spendet mir über die Organisation »Water for the World« mehr als fünfzigtausend Euro. Den Rest finanziere ich selbst. Ein großes Loch muss ausgehoben werden, in dem zwei Pumpmaschinen, sechshundert Meter Kanalisation und ein Tank von hundertfünfzigtausend Litern Platz finden. Nach einem Jahr ist das Projekt fertiggestellt. Über zweihundert Häuser werden jetzt mit diesem Wasser versorgt, dazu meine Schule und ein nahe gelegenes Kloster.

Diese Pumpstation hat letztlich mehr als fünfzigtausend Euro gekostet. Bei meinen Nachbarn hätte ich nur tausendvierhundertachtzig bezahlen müssen. Ich habe dreißigmal so viel ausgegeben, aber ich habe es freiwillig und ohne Druck getan. Und vor allem habe ich ein grundlegendes Problem für immer gelöst, und ein ganzes Dorf ist mit Wasser versorgt. Die Bewohner und ich haben ein »Wir« geschaffen, und es gibt nichts Schöneres. In meinem Innersten bin ich stolz, diejenige zu sein, die das Wasser gebracht hat: Traditionell ist es in unseren Dörfern die Arbeit der Frauen, es unter erheblichen körperlichen Anstrengungen herbeizuschaffen. Ich habe dazu beigetragen, ihre Belastung zu verringern, und das bedeutet mir viel.

Zur selben Zeit geht es dank eines Telefonats mit meiner Karriere steil bergauf: Nhyoo Bajracharya, ein in Nepal sehr bekannter Komponist, ruft mich an, obgleich wir uns gar nicht kennen.

So wird er mein Komponist und ist es bis heute geblieben. Nach einigen Höflichkeitsfloskeln erklärt er:

»Ich wende mich an Sie, weil ich ein Lied über den Dalai Lama schreibe …«

»Wunderbar. Und worum geht es?«

»Um die Kraft seines Mitgefühls, seine Güte … Den Refrain möchte ich auf Tibetisch schreiben. Wären Sie bereit, mir zu helfen? Um Fehler zu vermeiden …?«

Ich willige ein, in sein Studio zu kommen, und mache mich mit seiner Arbeit vertraut. Sie gefällt mir sehr, ich bin tief beeindruckt. Wir lernen uns besser kennen, und eines Tages mache ich ihm einen Vorschlag:

»Willst du nicht Melodien für mich komponieren?«

»Für Mantras?«

»Ja, um sie neu zu beleben und etwas zu modernisieren.«

Und genau das tun wir. Wir arbeiten viel, um den richtigen Ton zu finden. Als ich später in sein Studio komme, ist er dabei, ein Lied zu vertonen, eine Art Hymne an einen Meister. Seine Musik ergreift mich auf der Stelle. Das Lied hat etwas Flehentliches: Es spricht direkt mein verletztes Herz an, das noch immer unter dem Verlust meines Meisters leidet. So etwas möchte ich auch. Nhyoo Bajracharya stellt mich dem Autor Durag Lal Shrestha vor, einem in Nepal hoch angesehenen Dichter. Ich spüre sofort, dass ich einem der charmantesten Männer gegenüberstehe, denen ich je begegnet bin. Seine Sanftheit und seine Fähigkeit zuzuhören berühren mich. Dabei ist er anfangs gar nicht sicher, für mich schreiben zu wollen. Er kennt mich nicht, es verwirrt ihn, dass ich Nonne bin, er zögert. Dann singe ich in seinem Haus für ihn, auf Tibetisch und *a capella*, damit er meine Stimme besser hört. Er lauscht. Die Nepalesen sind nicht an gesungene Mantras gewöhnt. Sie haben eine Vorliebe für Populärmusik, doch auch für die alten indischen Songs aus den Achtzigerjahren, die neu gemischt und mit Techno aufgepeppt werden. Aber Mantras … Die hört man im Kloster und nicht zu Hause auf CD. Die Idee ist neu. Durag Lal Shrestha geht das Risiko ein. Nachdem er mir zugehört hat, ruft er aus:

»Ich habe kein Wort verstanden … aber es ist mir sofort zu Herzen gegangen. Das ist fantastisch! So etwas habe ich noch nie gehört …«

»Danke, freut mich, dass es dir gefällt. Ich glaube wirklich, wir sollten zusammenarbeiten.«

»Einverstanden. Du hast Talent. Deine Stimme ist ein Geschenk …«

Er ist sehr beeindruckt, und ich bin zufrieden. Wir machen uns ans Werk, manchmal zehn Stunden ohne Pause. In seinem Studio schreiben und komponieren wir Lieder und sind so in unsere Arbeit vertieft, dass wir Hunger und Durst vergessen. Ich bin bereit, mich vom traditionellen Repertoire zu entfernen, will aber in einer spirituellen Dimension bleiben. Ich möchte Botschaften von Hoffnung und Liebe verbreiten, die menschliche Natur würdigen, zeigen, dass jeder fähig ist, sich zu bessern. Wenn ich singe, bin ich weder Buddhistin noch Hindu noch Christin. Ich rühme den Menschen schlechthin. Mein Album *Moments of Bliss* erscheint 2004. Es ist meine vierte CD, aber die erste auf Nepalesisch. Und sie wird ein Riesenerfolg. Die ersten, *Chö* und *Selwa*, die ich mit Steve Tibbetts aufgenommen habe, und *Dancing Dakini* haben sich nur im Ausland verkauft. Aber diese ist ein Triumph. In Nepal bin ich schon ein wenig bekannt, aber jetzt werde ich sozusagen über Nacht zur Berühmtheit. Das ist zunächst ein seltsames Gefühl, muss ich gestehen. Vor allem, wenn die Leute mich, beispielsweise in einem Restaurant, erkennen und mir zu Ehren meine Platte auflegen. Ich esse, ich lebe, ich bewege mich normal, und immer bildet meine Stimme den akustischen Hintergrund.

Vor allem das Fernsehen hat mein viertes Album unterstützt und auf Platz eins der Hitparaden katapultiert. Damals trauerte Nepal um den Tod zwölf seiner Landsleute im Irak. Um die Gemüter zu besänftigen und Mitgefühl zum Ausdruck zu bringen, hatte einer der Sender die Idee, Ausschnitte aus meinen Konzerten zu zeigen. Am nächsten Tag war ich ein Star, so einfach geht das! Eine Straße, ein Viertel, eine Stadt, ein Land – meine Bekanntheit hat sich ausgebreitet wie ein Lauffeuer. Ich weiß nicht mehr genau, wann man mich zum ersten Mal auf der Straße angesprochen und um ein Autogramm gebeten, mich mit großen Augen angesehen und quasi laut gedacht hat: »Ja, das ist sie wirklich!« – auf jeden Fall ging alles sehr schnell. Diese CD mit modern arrangierten säkularen und spirituellen Liedern auf Nepalesisch war eine Überraschung auf dem Musikmarkt und hat sofort Anklang gefunden. Eines der Stücke – ehrlich gestanden nicht einmal mein liebstes – ist bei Jung und Alt zum Hit geworden. Im Autoradio, auf den Straßen von Bodnath, im Supermarkt, im Fernsehen – *Phoolko Aankhama* hört man überall … Darin geht es um die Art, wie sich die Welt entsprechend unserer Sicht verändert: »Möge mein Herz stets rein sein, mögen meine Worte stets erleuchtet sein, möge mein Fuß nie ein Insekt zertreten … In wunderschönen Augen erscheint auch die Welt wunderschön.« Kurz, wenn man positiv ist, ist auch die Welt positiv.

Monate später werde ich ausgewählt, um an einem bekannten nationalen Musikwettbewerb teilzunehmen, bei dem die besten Künstler des Jahres ausgezeichnet werden. Am Abend der Preisverleihung habe ich keine Zeit. Ich habe mich in einer anderen Stadt für ein Konzert verpflichtet. Ich habe mein Wort gegeben und werde auch da sein. Die Preisverleihung wird im Fernsehen übertragen. Ich habe beschlossen, meinen kleinen Bruder Karma Choesang an meiner Stelle hinzuschicken. Natürlich versuchen die Organisatoren alles, um mich umzustimmen. Sie geben mir zu verstehen, dass ich gut im Rennen liege. Sehr gut. Ja, sie flüstern mir sogar zu, dass ich vermutlich gewinnen werde. Egal, versprochen ist versprochen. Mein Bruder wird mich bestens vertreten.

»Fahr du hin, du wirst deine Sache sehr gut machen, da bin ich mir sicher.«

»Aber die Leute wollen dich sehen und nicht mich!«

»Ich kann doch nicht! Ich habe woanders zugesagt, und die Menschen dort haben mir nichts getan. Warum sollte ich ihnen also ihr Konzert vorenthalten?«

»Finde eine Lösung, komm, bitte komm …«

Ich gebe nicht nach. Mein Versprechen ist mehr wert als alle Preise dieser Welt. Mein Bruder wird dort sicher viel

Spaß haben. Mir hingegen bedeutet es nichts, im Fernsehen aufzutreten … Es handelt sich um einen Publikumspreis. Die Zuschauer können zwischen fünf von einer professionellen Jury bestimmten Künstlern wählen. An besagtem Abend singe ich, wie abgemacht, an einem weit entfernten Ort. Nach dem Auftritt kommt eine junge Frau mit strahlendem Lächeln in meine Garderobe.

»Du hast gewonnen, du hast gewonnen!«

»Was habe ich gewonnen?«

»*Phoolko Anakhama* ist als bestes Lied des Jahres ausgezeichnet worden, und für das gesamte Album hast du den Preis als beste Sängerin bekommen!«

Sie schließt mich in die Arme, und ich spüre, dass sie sich mehr freut als ich. Natürlich bin ich glücklich über den Preis, denn er gibt mir die Möglichkeit, mein Projekt voranzutreiben. Ich denke an meine Mutter. Alles ist so schnell gegangen … Mein Land kürt mich zur besten Künstlerin des Jahres. Dieser Strudel, der mich mitreißt, hat etwas von einem Wunder.

»Alles in Ordnung? Bist du traurig, nicht dort zu sein? Aber du kannst dir das Video ansehen, wir haben die Sendung aufgezeichnet.«

»Nein, eigentlich nicht. Danke, das ist nett, aber ich werde es mir ohnehin nicht anschauen …«

Es ist also geschehen – und noch dazu in meiner Abwesenheit. Umso besser. Ich bin glücklich, vor allem, weil meine Lieder, die von Liebe, Freude und Mitgefühl sprechen, ein breites Publikum berühren. Weil sie nützlich sind.

Ich bin jetzt also ein Star. Auch wenn ich weiß, dass all

das oberflächlich ist und ich nichts geleistet habe, was die Welt verändert und daher von besonderem Wert wäre, fühlt sich mein Ego geschmeichelt. Wer könnte dem widerstehen? Wie immer denke ich an meinen Meister, an seine Demut, seine Anspruchslosigkeit, seine Reaktion auf Ehrungen. Und sofort wird mein Ego bescheiden. Wie jedes Mal, wenn ich zweifle, erinnere ich mich an ihn, an seine Güte.

Für mich ist Berühmtheit wie ein Echo in den Bergen, das anschwillt und dann verschwindet. Anfangs habe ich auf Drängen meiner Freunde die Zeitungsartikel über mich aufbewahrt. Aber ich habe es schnell sein lassen. Es sind zu viele, und es interessiert mich zu wenig. Wichtig ist mir der Versuch, den Menschen durch meine Musik einen Moment des Friedens und der Freude zu schenken. Wenn ich nach einer Vorstellung abends alleine in meinem Zimmer bin und mir vor dem Einschlafen einen Film anschaue, denke ich an die, denen meine Lieder helfen. Man kann anderen auch durch Kleinigkeiten Freude machen. Zum Beispiel, indem man einem Kind ein Plüschtier schenkt. Von jeder Reise bringe ich meinen Schülerinnen welche mit. Wenn ich nach Nepal zurückkomme, ist mein Koffer vollgestopft mit Teddys: Ich nehme alle, die mir meine Freunde geben – manchmal sind es die ihrer Kinder – für die Kleinen in der Schule. Ich weiß aus Erfahrung, wie es ist, wenn man keinen Teddybären hat. Ich habe sehr darunter gelitten. Als ich klein war, durfte ich nie Kind sein. Das versuche ich an denen, die mir heute begegnen, wiedergutzumachen. Ich will, dass meine Schülerinnen eine Ausbildung bekommen, nach Indien auf die Universität gehen, dass es ihnen an nichts mangelt. Sie sollen die Leerstellen meines Lebens ausfüllen. Ich hatte nicht die Möglichkeit, so lange zur Schule zu gehen, wie ich es gewollt hätte, und ich bin stolz darauf, sie jetzt anderen bieten zu können. Ihnen die Chance zu geben, sich eine bessere Zukunft aufzubauen.

Das ist eine der Freuden des Gebens. Man sagt, man gibt für die anderen. Das stimmt natürlich. Aber ich bin überzeugt, dass man vor allem für sich selbst gibt, denn das Glück, seinen Mitmenschen Freude bereiten zu können, ist unglaublich groß; manchmal wird es sogar zur Sucht. Der Gewinn des Gebens ist wechselseitig: für den Beschenkten und vielleicht noch mehr für den Schenkenden. Ich habe mehr gegeben, als ich bekommen habe. Fast immer in meinem Leben. Und dazu braucht man kein Star zu sein.

AN EINEM MONTAG STERBEN

Ich sitze im Taxi und begleite meine Mutter in die Klinik. Der Arzt hat mit gesagt, sie sei ernsthaft krank. Alarmiert wurden wir durch ihre wiederholten Koliken. Da mein Vater ein Gegner der Schulmedizin ist, haben wir es zunächst mit ayurvedischen Heilmitteln versucht. Doch die konnten ihre Bauchschmerzen nicht lindern. Der Arzt ist ganz sicher: Sie leidet an Diabetes und Bluthochdruck. Ihre Nieren sind gefährdet. In Nepal gibt es kein Gesundheitssystem wie im Westen und keine adäquate Versicherung. Wenn Sie krank sind und zahlen können, werden Sie behandelt … Können Sie nicht zahlen … bleiben Sie nicht lange krank. Aber auch nicht lange am Leben.

Ich bin natürlich sehr in Sorge. Sie ist nicht nur meine Mutter – ich teile alles mit ihr, meine Gefühle, meine Erfolge und auch meine Irrtümer. Sie ist die einzige Person, die nie über mich urteilt, bei der ich völlig natürlich sein kann, ohne mich zu verstellen. Ich muss nicht schauspielern. Bei ihr bin ich keine Nonne, keine Sängerin, keine Schulleiterin mehr. Ich bin ihre Tochter, für immer, und das ist, als stiege man nach einer langen Reise in ein wohlig warmes Bad. Ganz gleich, was kommen mag, bei meiner Mutter fühle ich mich in Sicherheit und geliebt. Und es ist gut, sich geliebt zu fühlen.

Dreimal die Woche muss sie jetzt zur Dialyse in die Klinik. Dreimal die Woche wird ihr mit Giften verseuchtes Blut, das ihre kranken Nieren nicht mehr zu filtern vermögen, ausgetauscht. Nach einer mehrjährigen Atempause beschließt das Leben erneut, mir seine finsterste Seite zu zeigen. Die Zeit der Prüfungen ist zurückgekehrt. Das ist der Kreislauf des Lebens, ich akzeptiere ihn. Haben wir wirklich die Wahl? Ich plaudere, als würden wir eine Spazierfahrt machen, und deute auf Läden hinter der dreckigen Autoscheibe. Meine Mutter versucht zu lächeln, bringt aber nur eine gequälte Grimasse zustande, die ihr schönes Gesicht verzerrt. Sie leidet. Heute will ihr der Arzt eine Kanüle legen. Danach gibt es keine Einstiche mehr, sodass die Blutwäsche weniger schmerzhaft sein wird.

»Ich hab die Nase voll von all dem …«

»Ich weiß, Mama, ich weiß … Aber du musst es tun.«

»Lass es uns noch einmal mit der ayurvedischen Behandlung versuchen. Die ist natürlicher.«

»Nein, Mama, das ist bestimmt keine gute Idee. Erinnere dich an das letzte Mal vor zwei Wochen – du warst aufgedunsen wie ein Ballon, und wir hätten dich beinahe verloren!«

Jedes Mal muss ich Kämpfe mit ihr austragen, damit sie sich behandeln lässt. Wie sehr viele Tibeter haben meine Eltern kein Vertrauen in die moderne Medizin. Sie lassen sich seit jeher mit Pflanzen und Gebeten behandeln.

Diese Methoden sind tatsächlich oft erfolgreich, auch ich glaube daran. Ich verabscheue es, Medikamente zu nehmen, selbst bei quälenden Zahnschmerzen. Doch der Fall meiner Mutter erfordert eine diffizile Behandlung, die nur Ärzte gewährleisten können. Ohne die wird sie nicht mehr lange kämpfen können. Eine äußerst kritische Situation musste ich schon einmal miterleben: Ich glaubte, sie würde sterben.

An einem Abend gegen zwanzig Uhr sitze ich im Wohnzimmer meiner Eltern und sehe mir einen Film an, als mein Onkel leichenblass die Treppe herunterkommt.

»Choying, du musst mit dem Schlimmsten rechnen …«

»Womit rechnen?«

Zwei Stufen auf einmal nehmend, stürze ich in den ersten Stock und stoße die Tür zu ihrem Zimmer auf. Meine Mutter liegt auf dem Bett. Ihr Gesicht, ihr Bauch, ihre Beine, ihr ganzer Leib ist aufgedunsen. Ihr Körpervolumen hat sich verdreifacht. Ihr Atem ist nur noch ein Rasseln. Ihre Augen sind halbgeschlossen, ihr Kopf ist zurückgeneigt. Sie wirkt wie ein Fisch außerhalb des Wassers, der kämpft, um nicht zu ersticken. Sie stirbt.

»Mama, ich bin an deiner Seite, hörst du mich? Ich werde mich um dich kümmern, verstehst du? Hab keine Angst.«

Ich ergreife ihre Hand, halte sie ganz vorsichtig wie einen kleinen verletzten Vogel. Ich habe Angst, ihr wehzutun. Sie ist ganz heiß. Ich versuche, ihr meine positive Energie zu übertragen, doch dieses Mal funktioniert es nicht. Nichts. Sie sieht mich nicht einmal. Ich kann meine Tränen nicht mehr zurückhalten und verlasse ihr Zimmer.

Eine Stimme schreit in mir: »Hilfe, Hilfe, meine Mutter stirbt!«

Aber ich bringe keinen Laut hervor und schlucke meinen Angstschrei hinunter.

Ich weiß nicht mehr, was ich tun soll. Es gibt nichts mehr zu tun. Ich setze mich wieder zu ihr, halte ihre Hand; meine Stirn ruht auf der Bettkante. So verbringe ich wohl Stunden. Ich höre meinen Herzschlag; vielleicht ist es auch mein Blut, das in meinen Schläfen trommelt. So viel tosendes Leben, wo doch der Tod derart nah ist …

Durch meinen inneren Nebel dringt eine Stimme: »Wenn du nichts unternimmst, wirst du dir ewig Vorwürfe machen.«

»Mama, hör zu. Ich weiß, du willst zu keinem Arzt, aber lass mich dich bitte ins Krankenhaus bringen. Nur du und ich. Wir werden es niemandem sagen. Wenn du stirbst, bringe ich dich heimlich zurück. Doch wir müssen es versuchen. Bitte …«

Ein Röcheln kommt aus ihrer Kehle. Sie dreht mir das Gesicht zu, blinzelt. Es ist ein Ja.

Ganz leise, ohne meinen Vater zu wecken, der neben ihr eingeschlafen ist, hebe ich sie hoch und trage sie bis zu meinem Jeep. Ich fahre sie zur Notaufnahme der besten Klinik der Stadt. Sie wird sofort aufgenommen. Man fragt mich nicht, warum wir so lange gezögert haben zu kommen. Man behandelt sie, das ist alles. Niemand hat mich erkannt. Hier bin ich keine Berühmtheit mehr, sondern nur eine Tochter, deren Mutter schwer krank ist. Zwei Stunden später, nachdem man ihr eine Spritze gegeben hat, darf ich sie in ihrem Zimmer besuchen. Sie liegt ganz normal da, ihre Züge sind entspannt, als wäre nichts gewesen. Ich tauche aus einem Albtraum auf. Mein Polohemd ist schweißnass. Ich habe meine ganze Nagelhaut abgekaut. Sie ist gerettet. Diesmal. Nach diesem furchtbaren Schrecken und den fünf im Krankenhaus verbrachten Tagen ist sie endlich gewillt, sich korrekt behandeln zu lassen. Die drei Dialysetermine pro Woche beginnen zu jener Zeit.

Von diesem Augenblick an reduziere ich die Zahl meiner Reisen, so gut es geht. Ich gebe zwar weiter Konzerte, versuche aber, möglichst viel Zeit mit meinen Eltern zu verbringen. Meistens wohne ich bei ihnen. Die Arya Tara School kommt jetzt alleine klar. Hundert junge Nonnen im Alter von acht bis zwanzig Jahren leben dort, und ich besuche sie mehrmals pro Woche. Meinen Eltern schenke ich so viel Liebe, wie ich kann. Ich nenne sie »Ama Gaga« und »Aba Gaga« – liebe Mutter, lieber Vater –, und wir verbringen schöne Momente zusammen. Fast immer. Der finstere Charakter meines Vaters ist nicht nur eine schlechte Erinnerung; gelegentlich kommt es doch noch zu Zornesausbrüchen. Er kann nicht dagegen ankämpfen. Dabei tue ich alles in meiner Macht Stehende, um ihm das Leben so angenehm wie möglich zu machen. Und, ehrlich gesagt, bräuchte er viel Fantasie, um etwas zu finden, das er mir vorwerfen könnte … Ich habe alles versucht: Gleichgültigkeit, Humor, Verständnis. Manchmal habe ich ihn auch angeschrien. Doch genauso gut hätte ich Öl ins Feuer gießen können: Mein Zorn war niemals dienlich, im Gegenteil. Es ist natürlich die Liebe, die besänftigt.

Eines Tages ist mein Vater besonders unausstehlich zu mir. Er ist müde und liegt auf seinem Bett. Er trägt eine kleine Mütze, die ich gehäkelt habe. Sie war eigentlich für meinen Meister bestimmt, der aber war gestorben, bevor diese Mütze fertig wurde. Ich habe sie für meinen Vater vollendet. Ich freue mich, wenn er sie aufhat. Ich lese ihm vor. Er hat mich eben wegen eines Wortes angeherrscht, das er nicht verstanden hat – als hätte ich das Buch geschrieben … Ich setze mich zur Wehr:

»Jetzt reicht es mir aber! Ich tue alles, damit du zufrieden bist, ich bringe dir Geschenke von meinen Reisen mit, ich höre dir zu, verwöhne dich, bin immer für dich da, immer. Ich bin wie eine Mutter für dich. Du kannst nicht an meiner Liebe und Hingabe zweifeln. Und doch ist es ganz offensichtlich nie genug, denn du beklagst dich ja weiter über mich. Man könnte meinen, du würdest auf etwas oder jemanden warten. Was brauchst du mehr?«

»Aber was redest du denn da? Ich habe dich um nichts gebeten … Mach mir bitte lieber einen Tee.«

»Nein, diesmal will ich eine Antwort. Sag mir, was dir gegen den Strich geht. Was habe ich dir getan? Ich sehe genau, dass du zu meinen Brüdern nicht so gehässig bist. Zumindest nicht mit Lodu Kunchap, dem so vollkommenen Lodu Kunchap … Warum liebst du ihn so, wo er sich doch nicht einmal für dich interessiert?«

Jetzt war es heraus: Ich hatte mich zu einem Ausbruch von Eifersucht hinreißen lassen, den ich seit Monaten unterdrückte. Ehrlich gesagt, sogar seit Jahren. Lodu Kunchap, mein älterer Halbbruder, ist nicht der Sohn meiner Mutter. Er ist zehn Jahre vor mir in Indien geboren. Mein Vater hatte ihn mit einer anderen Frau. Eines Tages tauchte dieser große Halbbruder in Kathmandu auf, um mit uns zu leben. Er war recht nett. Zunächst hatte er mehrere Jahre lang als Mönch im indischen Bundesstaat Himachal Pradesh unweit von Dharamsala gelebt, ist dann zu uns gekommen, hat geheiratet und ist schließlich nach New York gezogen. Mein Vater vergöttert ihn, sucht immer seine Zustimmung, seinen Blick, das Gespräch mit ihm. Von uns allen ist er der Einzige, der nie, wirklich nie, geschlagen wurde. Dabei schenkt Lodu Kunchap meinem Vater kaum Beachtung, lebt eher für sich. Ich hätte es niemals gesagt, doch ich habe ihn immer egoistisch gefunden. Ich verspürte stets ein Gefühl der Ungerechtigkeit, das ich mir selber nie eingestehen wollte, doch der Vorwurf hat es zutage gebracht.

Plötzlich verfinstert sich der Blick meines Vaters. Er beißt die Zähne zusammen, auf seinen Wangen zeichnen sich Falten ab, was nichts Gutes verheißt. Er setzt sich, plötzlich lebhaft, auf. Ich kenne die Vorboten seines Zorns und bedauere schon, ihn provoziert zu haben. Ich hätte besser schweigen sollen. Resigniert hebe ich den Kopf. Doch mein Vater sieht mich fast zärtlich an. Seine Hände mit der pergamentenen Haut liegen artig auf dem weißen Laken, gefaltet wie zu einem stummen Flehen. Er hebt die Augen und fixiert einen unsichtbaren Punkt auf der gegenüberliegenden Wand.

»Du hast recht, Choying«, murmelt er. »Du hast recht. Ich liebe Lodu Kunchap mehr als dich. Mehr als deine Brüder. Mehr als deine Mutter. Aber glaube nicht, dass ich ihn grundlos so liebe. Ich liebe ihn, weil er mir von einer Frau geschenkt wurde, der meine ganze Zärtlichkeit galt, einem außergewöhnlichen Wesen, das mir niemals so früh hätte genommen werden dürfen. Ich habe sie in Tibet kennengelernt, später sind wir zusammen nach Indien geflohen. Dort hat sie der Tod ereilt, und dabei war sie noch so jung. Choying, sie war die große Liebe meines Lebens, kannst du das verstehen?«

Er weint nicht, seine Stimme zittert nicht, er spricht ruhig und gelassen, als handelte es sich um die Feststellung einer Tatsache, die man schließlich akzeptiert. Ich denke, er hat lange gebraucht, um diese Worte über die Lippen zu bringen. Ich lausche ihm schweigend. Wir haben nie von der ersten Frau meines Vaters gesprochen. Ich hatte mir nicht vorgestellt, dass sie derart viel für ihn bedeutet hat. Warum hat er so lange gewartet, um sich zu offenbaren?

»Er ist das einzige Geschenk und das einzige Andenken, das mir von ihr geblieben ist. Das einzige. Wenn ich deinen Halbbruder betrachte, dann sehe ich uns, wie wir glücklich in Indien lebten …«

Er verstummt. Ich weiß nicht, was ich sagen soll. Vor seinen weit geöffneten Augen ziehen Erinnerungen vorbei. Er hat nicht vor, mir mehr zu erzählen. Ich will auch gar nicht mehr wissen. Ich empfinde plötzlich eine Anwandlung von Liebe für diese Unbekannte, für diese Frau, die solche Gefühle im Herzen meines Vaters auslöst. Ich bin dankbar dafür, solche Freude in ihm geweckt zu haben, auch wenn ich nichts von ihr weiß. Ich bin auch erleichtert, endlich zu verstehen, warum Lodi Kunchap immer sein Liebling war. Nicht weil ich mich unwürdig gezeigt hätte, sondern weil er die Trümpfe in der Hand hielt, gegen die ich nichts aufzubieten hatte. Gegen die Vergangenheit kann man nichts ausrichten. Ich habe mich nie mehr bei meinem Vater beschwert und habe diese verlorene Liebe respektiert, die ihm noch vierzig Jahre später Herz und Seele zusammenschnürte.

Meine Gefühle ihm gegenüber sind sogar gewachsen, sofern das möglich ist. Von diesem Moment an begann für mich ein Wettlauf mit der Zeit – auch wenn ich es erst heute in Worte fassen kann –, um schneller zu sein als der Tod, um meinen Eltern alles zu geben, was er ihnen nehmen wollte. Sie mit Freude überhäufen, denn es bleibt ihnen wohl nicht mehr viel Zeit, davon zu profitieren. Am Ende ihres Lebens werde ich zu ihrer Mutter. Ich versorge und umhege sie, so wie eine Mutter sich um ihre Kinder kümmert. Abends massiere ich ihre Füße und Hände; minutenlang bürste ich ihr Haar, ich besorge ihnen die *Momos*, die ihnen am besten schmecken; ich lasse sie glauben, sie wären noch so jung.

Sonderbarerweise geht mein Vater als Erster von uns. Ich sage »sonderbarerweise«, weil er trotz seines Altersvorsprungs in besserer körperlicher Verfassung ist als meine Mutter. Mit seinen siebenundachtzig Jahren ist er immer noch eine stattliche Erscheinung – imposant, schlank und trotzdem muskulös. Er hat Herzprobleme, ihm wurde schon vor Jahren ein Herzschrittmacher angeraten. Für mich ist er unsterblich. Ich mache mir sehr viel mehr Sorgen um meine Mutter, die so zerbrechlich scheint, als um ihn, der noch imstande ist, zu wettern und mir Angst zu machen. Er stirbt in einem Krankenhausbett. Er hat zum Glück nicht viel gelitten. Niemand glaubte, dass er sterben würde, er aber wusste es.

Eines Tages stand er auf und sagte:

»Ich fühle mich nicht gut.«

»Papa! Soll ich dich ins Krankenhaus bringen?«

»Welcher Tag ist heute?«

»Donnerstag, Papa … Warum?«

»Nein, heute nicht, wir gehen morgen …«

Sein Verhalten ist merkwürdig, doch er will nicht mehr sagen. Ich weiß, es ist sinnlos zu insistieren.

Ich soll es erst später begreifen.

Am nächsten Morgen steht er ganz normal auf, er wirkt etwas erschöpft, mehr nicht. Er will, dass ich ihn ins Krankenhaus fahre. In meinem Wagen ist er völlig ruhig, ein sanftes Lächeln spielt um seine Züge, etwas Gütiges, das ich gar nicht an ihm kenne.

»Wo ist deine Mutter, Choying?«

»In der Klinik am anderen Ende der Stadt, sie bekommt ihre Dialyse.«

»Oh … Dann werde ich sie nicht wiedersehen …«

»Da mach dir mal keine Sorgen; ich fahre sie zu dir.«

Das will er nicht. Die folgenden Tage verbringe ich an seinem Bett. Ich weiß, dass ich wie ein Medikament auf meinen Vater wirke. Ich massiere ihm Füße und Hände, wir sprechen über alles und nichts. Er will nicht, dass ich ihn verlasse, wahrscheinlich aus Angst. Er glaubt, ich habe göttliche Kräfte. Dass meine Hände ihm den Schmerz nehmen können. Eine Art orangefarbenes Licht geht von ihm aus, etwas äußerst Merkwürdiges. Wie ein himmlischer Schimmer. Er ist nur noch Sanftheit. Völlig anders, als er früher war. Er ist wie verwandelt. Da ist keine Spur von Zorn mehr in ihm.

Einige Tage später ist er sehr geschwächt, und ich verstehe. Gegen neunzehn Uhr, nachdem wir den ganzen Tag zusammen verbracht haben, ergreift er meinen Arm und zieht mich näher zu sich. Er will, dass ich meine Hand auf seinen Kopf lege.

»Du bist nicht wie die anderen, Choying. Ich habe es immer gewusst, du bist etwas ganz Besonderes. Von der Erscheinung her bist du eher alltäglich, doch im Innern verbirgt sich ein außergewöhnliches Wesen. Ich kann mich glücklich schätzen, eine Tochter wie dich zu haben.«

Ich will nicht reden. Er ist es, der das Bedürfnis hat, sich auszusprechen. Ich sehe ihm mit aller Kraft in die Augen, so als könnte ihn das daran hindern, sich leise zu verabschieden. Ich weiß, er ist dabei zu gehen. Er ist von Liebe umgeben.

»Danke, Choying, danke. Du hast deine Schuld voll und ganz beglichen. Du bist mir nichts mehr schuldig.«

Nichts hätte mir mehr Freude machen können. Ich habe nie mit dem Ziel gehandelt, dies eines Tages zu hören; trotzdem ist die Anerkennung meines Vaters das schönste Geschenk, das er mir machen kann. Ja, er hat mir das Leben geschenkt, deshalb fühlte ich mich immer zu Dank verpflichtet. Jetzt sind wir quitt. Er geht, und unser beider Geist ist in Frieden. Als ich am nächsten Morgen das Krankenhaus verlasse, bin ich völlig leer. Ich bin müde und weiß nicht, welcher Tag gerade ist. Ich bin Halbwaise. Dieser Vater, der so wichtig, so bestimmend in meinem Leben war, hat mich zurückgelassen. Er, der mich über Jahre so terrorisiert hat, ist in meinen Armen eingeschlafen, hingegeben und zuversichtlich, überzeugt von meiner Liebe.

Das ist ein schönes Ende. Ich habe ein gutes Karma, und mein nächstes Leben wird voller Frieden sein.

Als ich vom Parkplatz fahren will, sehe ich das Datum. Montag. Es ist ein Montag. Ich bin so erschöpft, dass ich aufgehört habe, die Tage zu zählen. Mein Vater nicht. In unserem Glauben ist fest verankert, dass es ein schlechtes Omen sei, an einem Sonntag zu sterben. Mein Vater wollte an einem Montag sterben. Es ist ihm gelungen, den Tod vier Tage lang auf Distanz zu halten. Er ist gegangen, als er es wollte. Im rechten Augenblick.

WAISENKIND

Seit dem Tod meines Vaters fühlt sich meine Mutter furchtbar einsam. Um nicht allein zu sein, ist sie zu meinem Onkel gezogen. Damit er sie so gut wie möglich versorgt, bezahle ich ihm eine Miete. Sie lädt oft Freundinnen ein, mit denen sie plaudert, doch sie ist nicht so recht bei der Sache. Ich versuche, sie zu zerstreuen, scherze, dass ich nach einem Freund für sie Ausschau halte, lenke sie ab, um gegen ihre Traurigkeit anzugehen. Ich kaufe ihr teure Gesichtscremes und Pomaden, bürste ihr Haar … Ich verwöhne sie, so gut ich kann. Da ihre Seele verletzt ist, pflege ich ihren Körper.

Eines Tages brechen meine Mutter und ich nach Delhi auf, denn ohne es irgendjemandem – vor allem nicht ihr – zu sagen, habe ich beschlossen, ihr eine meiner Nieren zu spenden. Ich habe diesen Entschluss gefasst, ohne mich mit anderen zu beraten. Meine Familie ist nicht informiert. Es ist eine persönliche Entscheidung, die nur mich etwas angeht.

In Nepal werden keinen Nierentransplantationen durchgeführt. Dazu muss man nach Indien reisen mit allen Kosten, die das nach sich zieht: der Flug, die Begleitung, der lange Aufenthalt, der Preis für Operation und Rehabilitation. Das können sich nur die wenigsten Menschen leisten. Glücklicherweise verfüge ich über die nötigen Mittel und auch über zwei intakte Nieren. In Delhi nehmen die Ärzte eine ganze Reihe von Untersuchungen vor. Meiner Mutter habe ich erzählt, es handele sich lediglich um eine Kontrolle; mir sei daran gelegen, verschiedene Meinungen einzuholen. Nur die beiden Chirurgen – ein junger und ein älterer – wissen von meinem Plan. Einer von ihnen betritt eines Morgens lächelnd das Zimmer meiner Mutter.

»Alles in Ordnung. Die Untersuchungsergebnisse sind ausgezeichnet, Sie haben großes Glück. Wir können Ihnen die Niere Ihrer Tochter übertragen, das Organ ist kompatibel.«

»Wie bitte? Wovon reden Sie? Die Niere meiner Tochter?«

Meine Mutter wird bleich und sieht mich vorwurfsvoll an. Jetzt durchschaut sie mein Spiel, das ihr überhaupt nicht gefällt.

»Nie im Leben! Lieber sterbe ich! Nie, hören Sie, niemals würde ich die Niere meiner Tochter annehmen. Das ist das Letzte auf der Welt, was ich möchte …«

Sie, die normalerweise so fügsam ist, lehnt sich auf. Unmöglich, sie zu überzeugen. Auch wenn ich ihr erkläre, dass es Jahre dauern kann, einen Spender zu finden, bleibt sie bei ihrem Entschluss. Ich kann nichts machen. Als wir nach Nepal zurückkehren, sind wir beide traurig.

Aber so schnell gebe ich nicht auf. In Nepal sind manche Menschen so arm, dass sie ihre Organe verkaufen. Ich finde einen Verkäufer/Spender, oder wie man das nennen will. Bei der Vorstellung ist mir nicht wirklich wohl, aber ich bin zu allem bereit, um meine Mutter zu retten. Einige Monate später brechen wir erneut auf, diesmal nach Madras. Alles ist vorbereitet. Ich fange an zu träumen. Ich stelle mir vor, dass ich bald mit meiner Mutter nach Kanada oder Chicago reisen kann, wo wir Verwandte haben, nach Deutschland, wo ich viele Freunde habe, und zu all den heiligen Stätten, denen wir einen Besuch abstatten möchten. Ich bin glücklich, dass nun ein neues Kapitel beginnt. Aber die Ärzte haben eine schlechte Neuigkeit: Das Herz meiner Mutter ist zu schwach, und die Arterien sind verstopft. Zuerst muss eine Angioplastie gemacht werden. Also gut, Angioplastie. Die Nierenverpflanzung muss warten, wir haben keine andere Wahl. Aber es braucht mehr, um uns zu entmutigen.

Wir kehren nach Nepal zurück, und fünf Monate später planen wir eine erneute Reise nach Indien, um die Transplantation vornehmen zu lassen. Dritter Versuch. Diesmal ist alle Hoffnung verloren: Meine Mutter ist inzwischen zu krank. »Zu schwach für die Operation«, sagen die Ärzte. Bis zum Ende ihres Lebens wird sie die Dialyse über sich ergehen lassen müssen; man kann nichts anderes für sie tun. Ich sehe den Arzt an, als würde er Latein mit mir sprechen. Ich will es nicht begreifen. Ich will meiner Mutter nicht die Wahrheit sagen. Ich erfinde eine Lüge, die sie zwar sofort durchschaut; doch ist sie großherzig genug, es mir nicht zu sagen. Wir fliegen zurück.

Körperlich verfällt sie zusehends. Sie kann fast nicht

mehr alleine laufen, ist zu schwach, um sich auf den Beinen zu halten. Während des Rückflugs nach Nepal begleite ich sie zur Toilette. In der winzigen Kabine helfe ich ihr beim Hinsetzen und will sie, als sie fertig ist, wieder herunterheben. Doch als ich sie abwische, vollendet sie in meiner Hand das, was sie in der Schüssel begonnen hat. Sie kann ihren Schließmuskel nicht mehr kontrollieren. Ohne mit der Wimper zu zucken, mache ich sie sauber und bringe sie zu ihrem Platz. Dann kehre ich zur Toilette zurück, um mir die Hände ordentlich zu waschen. Als ich mich wieder neben sie setze, hat sie die Decke bis zum Kinn hinaufgezogen, wie ein kleines schuldbewusstes Mädchen, Tränen stehen ihr in den Augen. Sie geniert sich unglaublich und wagt es nicht, mich anzusehen.

»Entschuldige, Choying, es tut mir furchtbar leid …«

»Was tut dir leid?«

»Ich habe dich in eine unangenehme, ja abscheuliche Situation gebracht …«

»Aber Mama, mach dir doch darüber keine Gedanken. Wie oft hast du das für mich getan, als ich ein Kind war? Wie oft hast du mir den schmutzigen Hintern abgewischt? Hundertmal? Zweihundertmal? Hat es dich angewidert? Hast du das Gesicht verzogen? Nein … Heute ist es an mir, dir zu helfen.«

Und genau das denke ich. Wenn Kinder das Glück haben, ihre Eltern unterstützen und ihnen das geben zu können, was sie brauchen, dann sollten sie es auch tun. Ihr alle, die ihr noch eure Mutter habt: Liebt sie, beschützt sie, nutzt die Chance – eine Mutter zu haben, sie anrufen zu können, um nichts zu sagen, sie einfach anzusehen.

Sie lachen zu hören und das ganz normal zu finden. Eine Mutter wünscht für ihr Kind das Beste, freut sich, wenn es glücklich ist, leidet, wenn es unglücklich ist, mehr als das Kind selbst. Man spricht von Gott. Aber die Eltern sind noch wichtiger. Sie haben uns gerettet, ohne sie hätten wir nach der Geburt nicht überlebt. Bis ans Ende ihrer Tage habe ich meinen Eltern gegeben, was immer ich konnte, ohne aufzurechnen. Das Leben meiner Eltern hat sich verändert, und ich muss sagen, das ist mein größter Stolz. Ich bin ihnen sehr dankbar dafür, dass ich dieses Gefühl erleben durfte. Es gibt nichts, was einen mehr aufwertet.

Während der letzten Lebensmonate meiner Mutter verläuft mein Dasein wie im Zeitlupentempo, und zugleich bin ich aktiv wie selten zuvor. Ich muss die Hochzeit meines Bruders organisieren. Er ist aus Kanada zurückgekommen, wo er seit mehreren Jahren lebt, um am Ende ihrer Tage näher bei unserer Mutter zu sein. Dann hat er in Kathmandu ein junges Mädchen kennengelernt und sich in sie verliebt. Er will sie auf der Stelle heiraten. Sie ist eine entfernte Verwandte, neunzehn Jahre alt und als Tibeterin nach Indien geflohen. Selbst wenn mein Bruder inzwischen dreißig ist, bleibt er doch mein kleiner Bruder, und ich fühle mich verantwortlich für ihn. Er hat mich um meine Zustimmung zu der Vermählung gebeten, und ich habe sie ihm gegeben. Ich bin jetzt das Familienoberhaupt. Natürlich übernehme ich alle Kosten für die Feier, die bei meinem Onkel stattfindet. Ich freue mich, dass sie heiraten, solange meine Mutter noch lebt, und treibe die Sache voran, denn ich weiß, dass uns nicht viel Zeit bleibt. Als Datum wird der 17. Dezember festgelegt.

Die Hochzeit findet wie geplant statt. Meine Mutter ist sehr schwach, aber glücklich, diesen wichtigen Augenblick mit uns teilen zu können. Am 21. Dezember ruft sie mich an ihr Bett. Sie scheint erschöpft. Als ich sie so sehr leiden sehe, wünsche ich fast ihren Tod. Ich bete um ihre Befreiung, damit ihr Leidensweg ein Ende nimmt. Das Schlimmste ist dieser Schwebezustand zwischen Leben und Tod. Grauenvoll.

»In einem Kloster in den Bergen, ganz in der Nähe deiner Schule, findet eine große buddhistische Feier statt, die möchte ich gerne besuchen.«

»Bist du sicher, dass es nicht zu anstrengend ist?«

»Ja, ja, das schaffe ich schon. Sag deinem Bruder, er soll mich hinbringen, und anschließend komme ich in deine Schule. Ich möchte sehen, wie ihr eingerichtet seid.«

An diesem Tag hatte ich einen Termin. Also bat ich meinen Bruder, meine Mutter zu begleiten, und habe sie anschließend in der Arya Tara School getroffen. Beide scheinen glücklich zu sein. Trotz ihres gezeichneten Gesichts strahlt meine Mutter.

»Ich habe Zuflucht genommen, Choying: Ich werde Nonne, genau wie du!«

Der buddhistische Meister des Klosters hat dem Ersuchen meiner Mutter entsprochen. Auch wenn sie vorher nicht mit mir darüber gesprochen hat, erfüllt mich ihr Entschluss mit Freude. Ich hätte sie nie dazu gedrängt, aber ich hatte auch schon daran gedacht. Für einen Buddhisten ist das ein Weg, sein Karma zu verbessern. Den weltlichen Gütern entsagen und in Frieden sterben.

Meine Mutter sieht meine fertige Schule. Seit den Bauarbeiten war sie nicht mehr hier. Ich zeige ihr mein Zimmer, den Speisesaal, die Klassenräume. Sie hat wieder Farbe bekommen, und ich sage mir, dass sie ihr Leben hier beschließen könnte. Wir bringen sie dann zu dem buddhistischen Meister, er schneidet ihr eine Haarsträhne ab. Wie mir vor siebzehn Jahren. Sie scheint glücklich zu sein; sie spricht nicht viel und schläft auf dem Rückweg nach Kathmandu im Auto. Als sie abends zu Bett geht, flüstert sie meinem Onkel zu: »Ich freue mich so, dass ich die Schule gesehen habe …«

Am nächsten Morgen muss sie zur Dialyse. Ich bin im Haus meiner Eltern, mein Bruder holt sie bei meinem Onkel ab und bringt sie ins Krankenhaus. Es ist gut, dass meine kleinen Brüder auch die Gelegenheit haben, sich um sie zu kümmern. Sie sehen sie nicht oft. Es freut mich, dass sie für sie da sind, denn ich habe begriffen, wie wichtig es ist, die letzten Tage mit ihr zu verbringen.

Um zehn Uhr ruft mich mein Bruder an. Meine Mutter hat Schwierigkeiten zu atmen. Sie kann nicht mehr sprechen. Ich springe in meinen Jeep, rase ins Krankenhaus, renne durch die Gänge und reiße ihre Tür auf. Zu spät. Sie ist entschlafen. Ihr Herz hat aufgehört zu schlagen. Ohne dass ich mich von ihr hätte verabschieden können. So viele Stunden habe ich an ihrem Bett verbracht, und nun war ich in den letzten Minuten nicht bei ihr. Wie im Zeitlupentempo registriere ich die Szene. Meine Brüder weinen. Die Krankenschwestern stehen mit verschränkten Armen in einer Ecke. Meine Mutter, eine winzige Gestalt, liegt in dem großen weißen Bett, so als würde sie schlafen. »Nicht weinen, das ist nicht der rechte Ort.«

Mein Gesicht erstarrt zu einem Lächeln. Einem gequälten Lächeln. Auf einer solchen Station sind die Kranken psychisch geschwächt. Es ist nicht gut, seine Verzweiflung vor ihnen zu zeigen, denn das beschleunigt ihren Tod. Es gelingt mir, mich zu beherrschen; ich weine nicht. Zumindest nicht nach außen sichtbar.

Sofort kümmere ich mich um alles. Ich gebe meinem Onkel Bescheid und bitte ihn, einen buddhistischen Meister zu verständigen und die Feuerbestattung zu organisieren. Und im Krankenhaus, während ihr Körper noch warm ist, legen wir ein Datum für die Einäscherung meiner Mutter fest. Bei uns werden solche Entscheidungen mit Hilfe eines Astrologen getroffen. Der, den mein Onkel schickt, erklärt kategorisch: Die vier folgenden Tage sind ungeeignet. Man muss noch heute handeln. Am selben Tag … Und so wird es gemacht. Am Abend des 22. Dezember 2006 fliegt die Asche meiner Mutter zum Himmel auf.

Sie hat meinen Vater um fast zwei Jahre überlebt. Ich habe jeden Augenblick dieser zwei Jahre genutzt, jede Sekunde, während der Countdown des Todes lief. Das hilft mir heute, nicht der Verzweiflung zu verfallen. Meine Mutter fehlt mir entsetzlich. Aber ich weiß, dass ich ihr alles gegeben habe, was ich konnte, und das tröstet mich ein wenig. Wir haben uns so sehr geliebt, und in den letzten zwei Jahren noch mehr – falls das überhaupt möglich ist.

Meine Mutter hat die große Beisetzungszeremonie bekommen, das heißt neunundvierzig Tage. In dieser Zeit bringen wir Opfer, beten, zünden Hunderte von Kerzen für ihre Seele an. Wir empfangen Besuch und nehmen die

Beileidsbezeugungen der Nachbarn entgegen. Wir glauben, dass all das nötig ist, damit den Toten bewusst wird, dass sie diese Welt verlassen haben. Anderenfalls werden sie versuchen, Verbindung zu den Lebenden aufzunehmen. Angesichts der Ignoranz der Letzteren aber geraten die Verstorbenen in Panik und finden keine Ruhe. Die neunundvierzig Tage dienen dazu, sie zu besänftigen und einfühlsam ins Jenseits zu geleiten. Es ist eine schwere Zeit, aber zumindest ist man beschäftigt und kommt nicht so sehr zum Grübeln.

Der eigentliche Kummer stellt sich danach ein. Ich kehre in die Arya Tara School zurück, begrüße die Lehrer und Schüler und gehe sofort in mein Zimmer. Ich bin erschöpft. Als ich mich auf mein Bett setzen will, entdecke ich auf dem Kopfkissen eine Gebetskette. Es ist die meiner Mutter. Sie hat sich nie von ihr getrennt. Bei ihrem letzten Besuch muss sie sie hiergelassen haben. Ich hatte es nicht bemerkt. Sie wusste, was kommen würde, und schickt mir eine Nachricht aus dem Jenseits.

Allzu lange unterdrückte Tränen sprudeln hervor. Die buddhistische Lehre beschäftigt sich viel mit dem Tod. »Eines der wichtigsten Dinge im Leben ist der Tod.« Das lernen wir alle. Ich dachte, ich wüsste es, wäre bereit. So schwer hatte ich es mir nicht vorgestellt. Aber in solchen Augenblicken setzt das Denken aus. Weisheit, Kenntnis, Meditation, Vernunft – all das vermag nichts gegen den Verlust einer Mutter auszurichten. Ich leide. Sie fehlt mir körperlich, seelisch und in meinem Innersten. Dort ist eine Leere, die tobt und schreit. Ich will meine Mutter wiederhaben!

Die folgenden Monate sind hart. Meine Brüder kehren in ihr Leben zurück. Das meine geht weiter. Aber selbst wenn meine Freunde bei mir sind, fühle ich mich furchtbar einsam. Nachdem ich meinen Eltern so viel Zeit gewidmet habe, bin ich jetzt »arbeitslos«. Sogar unnütz. Alles erinnert mich daran, dass sie nicht mehr da sind. In diesen Momenten bete ich für sie und finde einen gewissen Trost darin.

Was mich vor allem aufrichtet und vor der Depression rettet, ist das Gefühl, getan zu haben, was ich tun musste. Gegeben zu haben, was ich geben musste. Ich habe nichts zu bereuen, und das hilft mir, ruhig zu schlafen. Und weil das Leben eine Nullgleichung ist, reißen mich die großen und kleinen Freuden wie immer aus meinem Schmerz.

»Ani, ich möchte dir eine Freundin vorstellen, die auf der Durchreise in Nepal ist. Ich habe ihr von dir erzählt, und sie würde dich gerne treffen. Du kennst sie vielleicht. Sie heißt Tracy Chapman und ist Sängerin wie du. Hast du Zeit?«

Peter ist Amerikaner und lebt seit Langem in Kathmandu. Er sagt mir oft, wie sehr er meine Musik liebt. Wir verstehen uns gut. Er weiß, dass ich ein Fan von Tracy Chapman bin, und ich weiß, dass er mit ihr befreundet ist. Er neckt mich, denn er weiß genau, dass ich sie liebend gern kennenlernen möchte. Es ist Januar, und wir verabreden uns schnell. Sie besucht uns eines Tages in der Schule. Die Mädchen haben Unterricht. Ich empfange Tracy im obersten Stockwerk, wo ich mir eine Wohnung mit einem großen Salon eingerichtet habe. Ich habe meinen Komponisten eingeladen, und natürlich ist auch Peter da, so wie einige andere Freunde. Wir singen beide: sie für uns, ich für sie. Es ist ein Augenblick tiefer Freundschaft und Verbundenheit. Dieser Tag wird mir in wunderbarer Erinnerung bleiben. Von meinem Hund Suma gefolgt, besichtigen wir die Schule und machen einige Fotos. Es ist schön, mit ihr zu scherzen – einfach zu leben.

Im Februar zelebrieren wir in Nepal das Neue Jahr. Es wird immer mit großen Feierlichkeiten begangen. In diesem Jahr 2007 habe ich meinem Team vermittelt, dass der Tod meiner Mutter kein Grund sein soll, sich nicht am Neujahrsfest zu freuen. Die kleinen Nonnen, zumeist noch Kinder, haben ein Anrecht auf ihr Fest. Für den Neujahrstag haben meine Schülerinnen ein gelungenes Stück einstudiert. Ich wohne der Aufführung – einer Szene aus dem Leben Buddhas – in der ersten Reihe, gleich vor der improvisierten Bühne bei. Die Kinder lachen, hüpfen, spielen verschiedene Personen, und es herrscht große Ausgelassenheit. Doch mein Herz tut weh, es muss erst wieder lernen, glücklich zu sein. Und plötzlich bricht in meinem Inneren ein Damm. Unglaubliche Freude überspült mich. Alle zusammen erleben wir hier wunderbare Augenblicke. Wir haben großes Glück. Ich erhebe mich, steige auf die Bühne und tanze inmitten der Kleinen, um an der allgemeinen Heiterkeit teilzuhaben. Wir bilden einen Kreis, und alle lachen und schreien. Als mein Hund Suma mich tanzen sieht und singen hört, springt er aufgeregt winselnd um uns herum. Als würde auch er lachen! Ich ergreife seine Pfoten, und auf den Hinterbeinen stehend, gesellt er sich zu unserem Kreis. Ich bin glücklich. Nie werde ich diesen Augenblick vergessen.

Manchmal im Schlaf werde ich mir bewusst, dass ich träume, und dann nehme ich das Geträumte natürlich nicht ernst. Ebenso muss man es mit dem Leid machen. Man glaubt zu leiden, aber man kann auch Gründe finden, fröhlich zu sein. Es muss einem nur bewusst werden. Man muss gerecht gegenüber dem Leben sein: nicht nur das sehen, was es uns genommen, sondern auch das, was es uns gegeben hat. Das versuche ich zu tun. Manchmal sage ich mir, dass meine Mutter vielleicht irgendwo wiedergeboren worden ist. Ich bete für sie. Und wo auch immer sie sein mag, ich weiß, dass es ihr gut geht.

EPILOG

Wenn ich meine Geschichte erzähle, lese ich oft Ungläubigkeit in den Augen meiner Zuhörer. Als ich von der Gewalttätigkeit meines Vaters sprach, rief ein Zuhörer entrüstet aus: »Aber dieses Monster hat Ihnen die Kindheit gestohlen!« Genau das Gegenteil ist der Fall, und um das klarzumachen, habe ich dieses Buch geschrieben. Der Buddhismus lehrt uns, unseren Feind als Lehrer zu sehen, Provokationen zu nutzen, um das Negative in uns selbst zu überwinden. Mein Vater hat mir die Möglichkeit gegeben, über mich selbst hinauszuwachsen und in meinem tiefsten Inneren unbekannte Kraft zu schöpfen. Er hat mich gezwungen zu kämpfen. Alles, was ich bin, verdanke ich ihm, ich werde ihm ewig dankbar dafür sein. Und hätte er mich nicht geprügelt, wäre ich nie meinem Meister begegnet und hätte über all die Jahre nicht jene Charaktereigenschaften entwickeln können, um ein guter Mensch zu werden. Ich denke, Prüfungen machen bessere Menschen aus uns. Denn der bittere Geschmack des Schmerzes macht uns fähig, die Süße des Lebens besser auszukosten. In Phasen des Zweifels, in denen die brennende Wunde wieder aufbricht, hilft es mir, wenn ich an meinen Meister denke. So wie das Eis mit der Kälte und das Feuer mit der Wärme kommt, lässt der Gedanke an meinen Meister Mitgefühl und Liebe in mir aufkommen.

Und wie ein Magnet von gegensätzlichen Kräften angezogen wird, habe auch ich mich aus Liebe und Hass, Gewalt und bedingungsloser Zuneigung zu der entwickelt, die ich geworden bin. Ich wurde bald zum einen, bald zum anderen hingezogen, bis meine inneren Rezeptoren aufhörten, unkontrolliert auszuschlagen und mir gegensätzliche Informationen zu senden, bis ich zu einer wirklichen Ausgeglichenheit fand.

Heute kenne ich unzählige Quellen der Freude: in der Schule einen Gemüsegarten anlegen, eine verletzte Maus retten, eine angebundene Ziege in den Bergen befreien, mich mit einem Freund unterhalten, den ich aus den Augen verloren hatte, mir ein hübsches Paar Schuhe kaufen, Bettlern auf der Straße zu essen geben, das Haus meiner Eltern renovieren, wissen, dass es meinen Brüdern gut geht, ein Lächeln auf das Gesicht einer Freundin zaubern, die Finanzierung eines Altenheims unterstützen, eine Idee für ein neues Lied haben, meinen Jeep durch den Regen steuern, bei einem Bollywood-Film weinen, mich für die jungen indischen Popstars begeistern, meinen Sohn von der Schule abholen, eine Schülerin trösten, deren Mutter gestorben ist, meine Kraft auf jene übertragen, denen es daran mangelt, mit Ärzten über mein Krankenhausprojekt sprechen, dieses Buch schreiben … Für die, die es sehen wollen, ist das Glück überall in Reichweite. Man muss es nur erkennen. Sich mit dem, was man hat, begnügen lernen.

Aber ich bin nicht vollkommen, weit gefehlt! Ich habe noch so viel zu lernen … Manchmal bin ich auch traurig, wenn die Menschen mich enttäuschen. Doch dann versuche ich, meine Energie nicht allzu lange mit solchen Personen zu verschwenden. Ich mache mir nichts vor, erspare mir nur Unannehmlichkeiten. Wenn es eine Auseinandersetzung gibt, sage ich, was ich denke, vermeide aber weitgehend Ärger. Ich bin aufrichtig um das Beste bemüht. Und mein Tief dauert nie lange an. Vor kurzem ist ein kleines Mädchen in unsere Schule gekommen. Ich erfahre, dass sie von ihrem Vater geschlagen wurde, dass ihre ersten Jahre von Prügel und Entsagungen gezeichnet waren. Wenn ich solche Geschichten höre, gerate ich noch immer leicht aus der Fassung. So viel Ungerechtigkeit erzürnt mich. Und dann beruhige ich mich wieder. Ich kann den Schmerz dieses Kindes nachempfinden. Ich fühle mich ihm verbunden, ohne mit ihm gesprochen zu haben. Wir teilen ein Geheimnis. Wir gehören derselben Familie an. Man kann den Kummer anderer nicht verstehen, wenn man ihn nicht selbst durchlebt hat. Dank meiner Vergangenheit begreife ich instinktiv den Schmerz meiner Mitmenschen. Und so kann ich ihnen besser helfen.

Wann immer es mir möglich ist, stelle ich mich in den Dienst derer, die mich brauchen. Das menschliche Elend ist leider ein Fass ohne Boden, das man stetig mit Liebe und Mitgefühl auffüllen muss, damit die Sensibelsten nicht untergehen. Darum bemühe ich mich, und daraus ziehe ich große Befriedigung.

Heute stecke ich viel Energie in das Krankenhaus, das ich bauen will. Dieses Projekt liegt mir sehr am Herzen. Viele Nepalesen haben Diabetes oder Blutprobleme. Das hat mit der Höhenluft und den schlechten sanitären Verhältnissen zu tun. Viele Frauen laufen barfuß, trinken nicht genug und vernachlässigen kleine Harnwegsinfektionen. Die medizinische Aufklärung muss verstärkt werden: Man muss den Menschen beibringen, auf sich zu achten. Ich habe meiner Mutter versprochen, ein solches Krankenhaus einzurichten, und ich werde es tun, egal, wie lange es dauert. Denn es ist eine Notwendigkeit: Die ärztliche Versorgung in Nepal ist viel zu teuer, es gibt nicht genügend Plätze in den Dialysezentren, die nötigen Apparate sind unglaublich kostspielig. Und die Patienten sterben, während sie in Frankreich oder Deutschland noch jahrelang hätten leben können. Zu meinen Bewunderern gehört auch der nepalesische Premierminister Girija Prasad Koirala. Er hat versprochen, mir, so gut er kann, zu helfen.

Ich habe meine Geschichte unter anderem auch erzählt, um zur Finanzierung meines Krankenhauses beizutragen. Ich möchte auch meinem Verleger danken, der dadurch, dass er dieses Buch herausbringt, ebenfalls mein Projekt unterstützt. Ich bin sicher, dass der eine oder andere, der es liest, spenden möchte – und warum sollten nicht mehrere Millionen Euro zusammenkommen? So kommen die Dinge voran, dessen bin ich mir ganz sicher … Man glaubt, vor einem unüberwindlichen Berg zu stehen, und dann hat man den Gipfel erreicht. Man muss nur daran glauben. Ich weiß, wovon ich spreche.